"新思想在浙江的萌发与实践"系列教材

编 委 会

主　编：任少波

编　委：（按姓氏笔画排序）

王永昌　　叶　松　　朱　慧　　朱世强

刘　亭　　刘同舫　　刘艳辉　　刘继荣

李小东　　张　彦　　张光新　　张丽娜

胡　坚　　胡　炜　　柏　浩　　夏群科

徐国斌　　郭文刚　　盛世豪　　傅方正

"新思想在浙江的萌发与实践"系列教材

主编 任少波

对内对外开放

新发展格局的浙江探索

Opening Up
Domestically and
Internationally

Zhejiang's Practice in Fostering
a New Development Pattern

黄先海 宋学印 方建春 等编著

ZHEJIANG UNIVERSITY PRESS
浙江大学出版社
· 杭州 ·

图书在版编目（CIP）数据

对内对外开放：新发展格局的浙江探索／黄先海等
编著. -- 杭州：浙江大学出版社，2024.7（2025.6重印）.
ISBN 978-7-308-25147-1

Ⅰ.F127.55

中国国家版本馆 CIP 数据核字第 2024RV7928 号

对内对外开放：新发展格局的浙江探索
DUINEI DUIWAI KAIFANG：XINFAZHAN GEJU DE ZHEJIANG TANSUO

黄先海　宋学印　方建春 等编著

出 品 人	褚超孚
总 编 辑	袁亚春
策划编辑	黄娟琴
责任编辑	朱　玲
责任校对	黄梦瑶
封面设计	程　晨
出版发行	浙江大学出版社
	（杭州市天目山路 148 号　邮政编码 310007）
	（网址：http://www.zjupress.com）
排　　版	杭州朝曦图文设计有限公司
印　　刷	浙江新华数码印务有限公司
开　　本	710mm×1000mm　1/16
印　　张	15.5
字　　数	181 千
版 印 次	2024 年 7 月第 1 版　2025 年 6 月第 2 次印刷
书　　号	ISBN 978-7-308-25147-1
定　　价	39.00 元

序

浙江是中国革命红船起航地、改革开放先行地、习近平新时代中国特色社会主义思想重要萌发地。习近平同志在浙江工作期间,作出了"八八战略"重大决策部署,先后提出了"绿水青山就是金山银山""腾笼换鸟、凤凰涅槃"等科学论断,作出了平安浙江、法治浙江、数字浙江、文化大省、生态省建设、山海协作及加强党的执政能力建设等重要部署,推动浙江经济社会发展取得前所未有的巨大成就。2020 年 3 月 29 日至 4 月 1 日,习近平总书记到浙江考察,提出浙江要坚持新发展理念,坚持以"八八战略"为统领,干在实处、走在前列、勇立潮头,努力成为新时代全面展示中国特色社会主义制度优越性的重要窗口。2021 年 6 月,中共中央、国务院发布《关于支持浙江高质量发展建设共同富裕示范区的意见》,赋予浙江新的使命和任务。习近平新时代中国特色社会主义思想在浙江的萌发与实践开出了鲜艳的理论之花,结出了丰硕的实践之果,是一部中国特色社会主义理论的鲜活教科书。

走进新时代,高校在宣传阐释新思想、培养时代新人方面责无旁贷。浙江大学是一所在海内外具有较大影响力的综合型、研究型、创新型大学,同时也是中组部、教育部确定的首批全国干部教育培训基地。习近平同志曾 18 次莅临浙江大学指导,对学校改革发展作出了一系列重要指示。我们编写本系列教材,就是要充分发挥浙江"三个地"的政治优势，将新思想在浙江的萌发与实践作为开展干部培训的重要内容，作为介绍浙江努力打造新时代"重要窗口"的案例样本，作为浙江大学办学的重要特色，举全校之力高质量教育培训干部，高水平服务党和国家事业发展。同时，本系列教材也将作为高校思想政治理论课的重要教材，引导师生通过了解浙江改革发展历程，深切感悟新思想的理论穿透力和强大生命力，深入感知国情、省情和民情，让思想政治理论课更加鲜活，让新思想更加入脑入心，打造具有浙江大学特色的高水平干部培训和思想政治教育品牌。

实践是理论之源，理论是行动先导。作为改革开放先行地，浙江坚持"八八战略"，一张蓝图绘到底，全面客观分析世情、国情和省情与浙江动态优势，扬长避短、取长补短走出了符合浙江实际的发展道路；作为乡村振兴探索的先行省份，浙江从"千村示范、万村整治"起步，以"山海协作"工程为重大载体，逐步破除城乡二元结构，有效整合工业化、城市化、农业农村现代化，统筹城乡发展，率先在全国走出一条以城带乡、以工促农、山海协作、城乡一体发展的道路；作为"绿水青山就是金山银山"理念的发源地和率先实践地，浙江省将生态建设摆到重要位置统筹谋划，不断强化环境治理和生态省建设，打造"美丽浙江"，为"绿色浙江"的建设迈向更高水平、更高境界指明了前进方向和战略路径；作为经济转型发展的先进省份，浙江坚持以发展为第一要务，以创新为第一动力，通过"立足浙江发展浙江"，"跳出浙江发展浙江"，在"腾笼换鸟"中"凤凰涅槃"，由资源小省发展成为经济大省、开放大省。

在浙江工作期间，习近平同志怀着强烈的使命担当，提出加强党的建设"巩固八个方面的基础,增强八个方面的本领"的总体战略部署,从干部队伍和人才队伍建设、基层组织和党员队伍建设、党的作风建设与反腐败斗争等方面坚持和完善党的领导,有力推进了浙江党的建设走在前列、发展走在前列。在浙江工作期间,习近平同志以高度的文化自觉,坚定文化自信、致力文化自强,科学提炼了"求真务实、诚信和谐、开放图强"的"浙江精神",对浙江文化建设作出了总体部署,为浙江文化改革发展指明了前进方向。在浙江工作期间,习近平同志积极推进平安浙江、法治浙江、文化大省建设。作为"平安中国"先行先试的省域样本,浙江被公认为全国最安全、社会公平指数最高的省份之一。在浙江工作期间,习近平同志着力于发展理念与发展实践的有机统一,着力于发展观对发展道路的方向引领,着力于浙江在区域发展中的主旨探索、主体依靠、关系处理及实践经验的总体把握,深刻思考了浙江发展的现实挑战、面临困境、发展目标、依靠动力和基本保障等一系列问题,在省域层面对新发展理念进行了思考与探索。

从"绿水青山就是金山银山"理念到"美丽中国",从"千万工程"到"乡村振兴",从"法治浙江"到"法治中国",从"平安浙江"到"平安中国",从"文化大省"到"文化强国",从"数字浙江"到"数字中国",从对内对外开放到双循环新格局……可以清晰地看到,习近平同志在浙江的重大战略布局、改革发展举措及创新实践经验,体现了新思想萌发与实践的重要历程。

浙江的探索与实践是对新思想鲜活、生动、具体的诠释,对党政干部培训和高校思想政治理论课教学而言,就是要不断推动新思想进学术、进学科、进课程、进培训、进读本,使新思想落地生根、入脑入心。本系列教材由浙江省有关领导干部、专家及浙江大学知名学者执笔，内容涵盖"八八战略"、新发展理念、"绿水青山就是金山银山"理念、乡村振兴、"千万工程"、"山海协作"、县域治理、"腾笼换鸟"、对内对外开放、党的建设、新时代"枫桥经验"、平安浙江、法治浙江、数字浙江、健康浙江、民营经济、精神引领、文化建设、创新强省等重要专题。浙江省以习近平新时代中国特色社会主义思想为指引，全面贯彻党中央各项决策部署，统筹推进"五位一体"总体布局，协调推进"四个全面"战略布局，坚持稳中求进工作总基调，坚持新发展理念，坚持以"八八战略"为统领，一张蓝图绘到底，为社会各界深入了解浙江改革开放和社会主义现代化建设的成功经验提供有益的参考。

本系列教材主要有以下特色：一是思想性。教材以习近平新时代中国特色社会主义思想为指导，通过新思想在浙江的萌发与实践展现党的创新理论的鲜活力量。二是历史性。教材编写涉及的主要时期为 2002 年到 2007 年，并作适当延伸或回顾，集中反映浙江在新思想指导下的新实践与取得的新成就。三是现实性。教材充分展现新思想萌发与实践过程中的历史发展、典型案例、现实场景，突出实践指导意义。四是实训性。教材主要面向干部和大学生，强调理论学习与能力提升相结合，使用较多案例及分析，注重示范推广性，配以思考题和拓展阅读，加强训练引导。

"何处潮偏盛？钱塘无与俦。"奔涌向前的时代巨澜正赋予浙江新的期望与使命。起航地、先行地、重要萌发地相互交汇在这片神奇的土地上，浙江为新时代新思想的萌发、形成和发展提供了丰富的实践土壤。全景式、立体式展示浙江的探索实践，科学全面总结浙江的经验,对于学深悟透党的创新理论,用习近平新时代中国特色社会主义思想武装全党、教育人民具有重大意义。让我们不负梦想、不负时代,坚定不移地推进"八八战略"再深化、改革开放再出发,为建设社会主义现代化强国、实现中华民族伟大复兴的中国梦作出更大贡献。

感谢专家王永昌教授、胡坚教授、盛世豪教授、刘亭教授、张彦教授、宋学印特聘研究员对本系列教材的指导和统稿,感谢浙江大学党委宣传部、浙江大学继续教育学院(全国干部教育培训浙江大学基地)、浙江省习近平新时代中国特色社会主义思想研究中心浙江大学基地、浙江大学中国特色社会主义研究中心、浙江大学马克思主义学院、浙江大学出版社对本系列教材的大力支持,感谢各位作者的辛勤付出。由于时间比较仓促,书中难免有不尽完善之处,敬请读者批评指正。

是为序。

"新思想在浙江的萌发与实践"
系列教材编委会
二〇二一年十二月

前　言

2001年12月，我国正式加入世界贸易组织（WTO），迈出了重返全球经济舞台的重要一步，开启了大改革大开放的新时期。2002年10月，习近平同志到浙江任职。基于蓬勃发展的浙江开放型经济实践，习近平同志先后提出"跳出浙江发展浙江""地瓜经济"等一系列有关对内对外开放的重要论述与决策部署，浙江由此加速走出了一条对内对外双重开放型的发展道路与模式。

习近平同志在浙江工作期间关于对内对外开放的重要论述与决策部署，与党的十九届五中全会提出的"加快构建以国内大循环为主体、国内国际双循环相互促进的新发展格局"具有内在的历史契合性与逻辑一贯性。深度剖析对内对外双重开放发展论述及实践的理论精髓，对于更好地理解构建新发展格局的有效路径，指导浙江和中国未来的开放实践，具有重大的理论意义与实践价值。

对内对外双重开放理论的内涵极为丰富，这体现在其维度的多元性上。首先，在开放广度上，构建对内对外全方位开放格局。从着眼于省内投资，逐步扩展到赴省外投资；从单纯强调引进外资，到主动"走出去"，实现浙江企业的全球布局。其次，在开放深度上，实现更高水平的对内对外开放。通过对标国际高标准经贸规则，对内对外开放相互促进，将高质量引进来、高水平"走出去"和高标准全球化有机结合，不断拓宽发展空间，实现更深层次的全方位开放新格局。再次，在开放层次上，形成多层次的对内对外开放格局。基于自然资源等要素供给和环境承载力约束,浙江到中西部地区投资乃至全球布局以破除资源环境瓶颈成为必然选择。而对于更为稀缺的研发资源、高端人才,浙江则通过强化与东部地区和发达国家的协作,通过产业内贸易和高端价值链嵌入,主动接轨优势资源,以破解高端要素制约。

对内对外开放发展具有鲜明的时代特征。首先是引领性。多数地区都担心本地企业外迁会导致产业空心化。习近平同志率先提出了"地瓜经济"理论,全力支持浙江企业大胆闯、大胆试、敢作为、勇创新。其次是主动性。这种主动性既体现了浙商敢为人先的主动性,更体现了以习近平同志为代表的浙江省委、省政府敢于迎接挑战的制度创新主动性。再次是"不求所有,但为所用"的实用性。浙江通过在国内和全球的贸易与投资布局,将其他地区和其他国家的资源优势转变为浙江的经济优势和竞争优势,将自然资源小省转化为经济大省。这种模式的优势还体现在,不局限于浙江经济身份认同的固有思维,而是拓展到"浙江人经济",利用"浙江人经济"反哺浙江经济发展,实现"浙江经济"和"浙江人经济"的良性互动与螺旋式上升。

"地瓜经济"是习近平同志对浙江对内对外开放发展实践成果的高度凝练。"地瓜的藤蔓向四面八方延伸,为的是汲取更多的阳光、雨露和养分,但它的块茎始终是在根基部,藤蔓的延伸扩张最终为的是块茎能长得更加粗壮硕大。"①该理论生动地阐述了站稳脚跟与扩大开放之间的辩证关系。第一,立足浙江,又不局限于浙江。地瓜的根系向四周延伸,犹如浙江经济通过贸易、投资、资本流动和企业家触角延伸,以市场力量为助推剂,以浙江民营企业为

---

① 习近平.之江新语[M].杭州:浙江人民出版社,2007:72.

杠杆,向国内和国际拓展市场,获取资源、嵌入全球产业链,并实现国内国际竞争位势的跃升。第二,放眼全球,又反哺浙江。地瓜吸收养分最终是为了壮大块茎。正如浙江经济通过"买全球、卖全球",利用外部资源和全球浙江人网络,既避免了产业和经济的空心化,又不断壮大了自身。第三,强大的可移植性构建起的庞大网络。地瓜的可移植性强,遇到阳光雨露就可再生。与此相似,"求真务实、诚实和谐、开放图强"的"浙江精神",以及浙商所拥有的"敢为人先、勇立潮头"的企业家精神及其构成的强大网络,包括人脉、资金、信息和知识外溢,不断助推浙江经济开疆拓土。

对内对外开放发展具有实施路径多元化的特征,着重要解决"走出去"与"引进来"、本土经济与外资经济的协调问题。从区内协作来看,主要通过北接上海、东引台资,积极参与长三角一体化合作,不断提高对内开放水平;从跨区域合作来看,主要通过东西互动、基础设施互联互通,整合全国优势资源,突破浙江发展的天花板;从对外开放来看,通过三结合来实现开放广度和深度的提升,即坚持扩大开放与深化改革相结合,坚持利用外资与结构调整相结合,坚持"引进来"与"走出去"相结合。

党的十八大以来,习近平总书记大力推进中国更高水平的对外开放,推动构建新发展格局,与其在浙江工作期间有关对内对外开放的重要论述和实践成果一脉相承。截至2023年3月,中国已成功举办五届中国国际进口博览会,两届"一带一路"国际合作高峰论坛;颁布《中华人民共和国外商投资法实施条例》,不断缩减外商投资准入负面清单;持续扩容自由贸易试验区,加快推进海南自由贸易港建设等。与此同时,习近平总书记大力推进中国区域协调发展,也与其在浙江所推进的对内开放战略的成功实践密不可分。这一区域协调发展政策涉及范围更广，影响也更为深远，包括"一带一路"、京津冀、长江经济带、粤港澳大湾区、长三角一体化等。党的十九大报告明确提出"实施区域协调发展战略"，一个覆盖全国的区域协调方略开始完整呈现。可见，构建以国内大循环为主体、国内国际双循环相互促进的新发展格局战略，是习近平同志在浙江工作期间形成的对内对外双重开放论述及决策部署在更广范围的逻辑延伸与重要升华。

本书首先在梳理对内对外开放发展模式的历史脉络、理论逻辑、实现路径和未来走向的基础上，以义乌打造"世界小商品之都"为切入口和案例，解析了浙江经济从"买全国、卖全国"到"买全球、卖全球"的生动实践，并从引外资、引人才、引技术三个维度，对浙江如何统筹本土经济与外资经济进行了深入分析与挖掘。其次，对浙江开拓国内和国际大市场的历史脉络、融入国际生产体系的特征事实等进行了阐释。再次，对国际金融危机后浙江开放型经济实践的广度、深度和层次三个维度进行了全方位的剖析。最后，对新时代浙江全力打造国内国际双循环战略枢纽的多维度实践进行了深度解读。

目　录

地瓜的藤蔓向四面八方延伸,为的是汲取更多的阳光、雨露和养分,但它的块茎始终是在根基部,藤蔓的延伸扩张最终为的是块茎能长得更加粗壮硕大。

——摘自《在更大的空间内实现更大发展》(2004 年 8 月 10 日)①

我们的企业走出去,主动接轨上海、主动参与西部大开发和东北地区等老工业基地改造,主动参与国际市场的竞争,在省外、国外建设我们的粮食基地、能源原材料基地和生产加工基地,并非资金外流、企业外迁,这是在更大的范围配置资源、在更大的空间实现更大发展的需要,是"跳出浙江发展浙江、立足全国发展浙江"的需要。对此我们一定要正确认识,积极推动,乐观其成。

——摘自《在更大的空间内实现更大发展》(2004 年 8 月 10 日)②

第一章　对内对外开放:理论逻辑与未来导向

◆◆ **本章要点**

1. 习近平同志在浙江工作期间提出的"跳出浙江发展浙江""地瓜经济"等一系列有关开放发展的重要论述与决策部署,为浙江立足省内优势,充分利用好国内国际两个市场、两种资源提供了战略指引。

2. 习近平同志在浙江工作期间,抓住我国加入世界贸易组织

---

① 习近平.之江新语[M].杭州:浙江人民出版社,2007:72.
② 习近平.之江新语[M].杭州:浙江人民出版社,2007:72.

的战略机遇，同步推进"走出去"与"引进来"，牵头推动长三角一体化合作，发展国内大市场，逐渐形成高水平统筹对内对外开放的浙江开放型经济发展道路。这一发展道路背后的理论论述与战略实践，与党的十九届五中全会提出的"加快构建以国内大循环为主体、国内国际双循环相互促进的新发展格局"具有内在的历史契合性与逻辑一惯性。

浙江是对外开放的前沿地区，是习近平同志任职的重要一站，也是习近平经济思想中有关对外开放的重要论述的发祥地之一。梳理习近平同志在浙江工作期间形成的一系列关于推进对内对外开放发展的理论与实践成果，对深入贯彻新发展理念，加快构建新发展格局，具有不可替代的作用。

第一节　历史起点

对内对外开放发展模式的形成，既源于浙江以本土民营企业为主体的块状经济向外拓展的内源性需求，也源于资源小省急于开拓国内国际两个市场、利用国内国际两种资源的现实压力。21世纪初期我国加入WTO，为浙江双重开放发展提供了难得的历史契机。

一、块状经济的必然延伸

从历史逻辑看，浙江的开放型经济形成对内对外双重开放道路，需要自主性与主动性，这深植于浙江殷实的民营经济土壤和块状经济的坚实支撑。块状经济的迅速崛起是浙江经济的一大突出亮点，也是"地瓜经济"的精髓所在。浙江的块状经济是一种产业集中、专业性强，又别具地方特色的区域性产业集群的经济组织形式。这种块状经济广泛分布于浙江不同区域，如同色彩斑斓的"经济马赛克"，比如温州服装、绍兴印染纺织、诸暨织袜、海宁皮革等。

　　浙江的块状经济具有产业协作强、外部化交易特征明显、地方专用性知识正反馈、非正式制度约束、"干中学"传承广泛存在等众多特征。浙江的块状经济，通常是由于第一代"草根"企业家从事某方面的专业化生产，导致规模经济形成，进而牵引原材料投入、中间品生产、研发、物流、销售等上下游环节在本地汇聚集结，产业链不断分拆和延伸，要素、产品、企业都越做越精细，外部协作优势和网络成本优势逐渐凸显。在块状经济发展过程中，由分工深化产生的地方性专业知识也在不断累积强化。比如，诸暨大唐的袜业生产被分拆为 8 道工序，海宁的制革工艺则拥有 30 多道工序。这种专有的工序组成、中间品配套、市场交换形成的专业生产形态，会不断自我强化和正反馈，从而增强地方块状经济的竞争优势。此外，根植于浙商文化的非正式制度，在块状经济成长和发展过程中也尤为关键。浙江企业家内部在长期商业交往过程中所形成的信任与规则，不仅有助于地区专业性块状经济的形成，还能有效弥补市场补偿不足的缺陷。比如，温州民间金融的历史源远流长，地区性私人产权保护默会知识根基牢固，能为中小企业提供成长过程中急需的资金。块状经济产业集群内部所拥有的隐含和非编码化的知识外溢，通常通过"干中学"传承，这进一步提高了潜在竞争对手的进入门槛，还能不断巩固和强化块状经济的集群优势。

　　浙江块状经济的产业根植性，具有开拓国内国际两个市场的内在诉求，是浙江由资源小省走向经济大省的必然选择，如同地瓜的藤蔓向外延伸以获取养分并壮大自身。浙江块状经济长期根植于某一特定地区，产业集聚所形成的专业化分工协作，不但能发挥中小企业反应灵活的优势，还能通过信息的快速流动准确地把握价格，降低专业化资产的进入和退出成本，并且通过正外部性发挥规模报酬递增的优势。浙江块状经济的优势快速凸显，形成了大唐镇"国际袜都"、义乌"世界小商品之都"、永康五金城、海宁皮革城和柯桥轻纺城等专业化产业集群。这为浙江经济的对内对外市场拓展奠定了雄厚的产业基础。

二、区域资源的倒逼压力

随着经济总量跃上新的台阶，浙江本土经济发展面临的资源和环境压力日益凸显。

首先，能源短缺问题直接影响了浙江经济的增长前景。浙江陆域"无油、缺煤、少电"，2003 年，浙江 95％ 以上的一次能源需要从外省调入，当年净调入能源就高达 7161 万吨标准煤。① 浙江既要承担能源价格飙升的风险，还要承担长途运费的成本压力。能源供求紧张导致的"电荒"，对高速增长的浙江能耗敲响了警钟。遭遇电荒的浙江企业，被迫选择"停二开五"或"停三开四"，大量订单因缺电而流失。以往依赖低成本优势的弊端日益显现，浙江经济面临国内竞争对手的压价和国外频频发起的反倾销。习近平同志一针见血地点出了浙江种种发展问题的实质："各地经济发展中遭遇的要素紧张，根子在粗放增长方式。"②

---

① 浙江省经济贸易委员会,浙江省统计局.浙江省能源利用状况白皮书[N].浙江日报,2004-12-09(5).

② 俞文明,邓崴,刘刚,等.改革巨擘绘宏图——习近平总书记在浙江的探索与实践·改革篇[N].浙江日报,2017-10-12(1).

其次，陆域面积有限也制约了浙江经济的发展。如何借助浙江连江达海的区位优势、水深港阔的黄金岸线优势，拓展港航物流、海洋旅游、远洋渔业等蓝色经济空间，也成为浙江经济必须思考的难题。

再次，工业用地短缺也成为制约浙江经济尤其是中小企业发展的重要障碍。随着区位优势的凸显、营商环境的改善，大量产业项目投资增加，导致用地需求急剧增长，给土地后备资源相对紧缺的浙江带来了土地供求缺口加大的严峻挑战，企业发展面临的土地资源约束日益明显。而研发和高端人力资源紧缺也制约了浙江经济向产业链高端的攀升。因此，借助国内国际两个市场，利用国内国际两种资源，实现开放式发展，成为浙江当时面临的头等大事。

三、"入世"带来的重大机遇

中国加入 WTO，为浙江经济开放发展开拓了更为广阔的国际空间。2002 年以前，浙江块状经济成长于短缺经济时代，多数集中在传统产业，经过数十年的发展，国内市场已日趋饱和。数量庞大的浙江中小企业，在市场开拓和把握机遇方面具有丰富的经验，为浙江外贸发展奠定了坚实的基础。加入 WTO 仅一年，2002 年浙江全年进出口总额达 420 亿美元，比上年增长 27.9%；批准外商直接投资企业 3364 个，合同外资 67.9 亿美元，分别增长 45.6%和 35.4%。[①] 浙江开拓国际市场的步伐出现跨越式发展，无疑彰显了浙江经济融入全球经济的决心以及深度和广度。

加入 WTO 让两头在外的加工贸易在浙江成为可能，这有利

---

① 2002 年浙江省国民经济和社会发展的统计公报[EB/OL].（2020-06-19）[2024-01-21]. http://tjj.zj.gov.cn/art/2020/6/19/art_1229129205_519745.html.

于浙江企业充分开拓国内国际两个市场，充分利用国内国际两种资源，就如地瓜的藤蔓一样充分吸收国内国际养分，助推浙江经济腾飞。作为资源小省，浙江众多产品生产所需原材料都来自省外或国外。加入 WTO 后，进口关税普遍削减，浙江企业的原材料采购成本大幅降低，从而使得产品的生产成本降低，利润得到提升。同时，关税的降低，也有助于浙江企业进口先进的机器设备，加速技术革新并提升产品的国际市场竞争力。

加入 WTO 所产生的贸易创造效应和投资转移效应助推浙江更深入地参与国际分工和融入全球价值链。加入 WTO 后，浙江与其他世界贸易组织成员间的关税与非关税壁垒降低，外贸规模快速扩张。而贸易自由化不仅有助于浙江贸易条件的改善和经济福利的增加，还有利于浙江企业在全球范围配置资源，并获得国际分工深化带来的效率提升。此外，投资转移和投资创造效应助推浙江对外投资和利用外资的增长。预算约束长期以来都是制约浙江中小企业发展的重要因素。加入 WTO 后，浙江中小企业的投融资渠道不断拓宽，信用良好和产品市场前景较好的企业能以更低的成本获得外来资金。而直接到发达国家证券市场公开募股（IPO），不但能使浙江企业获得发展所急需的资金，也为浙江企业开拓国际市场提供了助力。贸易、投资和国际资本流动的国内国际双向奔赴，让浙江企业迈向世界级企业成为可能。

加入 WTO 让浙江企业实现了从逐步了解国际规则，到适应和拥抱国际规则，再到参与国际规则制订的转变。在"入世"之初，浙江中小企业国际市场竞争力仍然较弱，在技术水平和企业管理水平方面与国际水平差距显著。加入 WTO 带来的技术示范效应和"鲇鱼效应",倒逼浙江企业加速技术进步,主动参与国际市场竞争,与全球领先企业同台竞技。与此同时,制度、标准、规则等营商环境也大幅改善,浙江市场对外国企业的投资吸引力得到迅速提升。浙江不但成为"入世"的直接受益者,也让海外企业分享了浙江经济增长的红利。

第二节　理论逻辑

对内对外双重开放发展模式得以形成的根本逻辑,既源于浙江的开放型企业家精神所迸发的生命力,也源于浙江企业在全球开放条件下基于国际要素配置和市场扩展的最优选择,同时也源于在习近平同志关于"跳出浙江发展浙江""地瓜经济"等一系列对内对外开放理念和战略指引下,浙江构建的一流的开放型制度和营商环境,为浙江开放型经济在 21 世纪初期的跨越式发展打下了坚实的基础。

一、内源动力:根植本地的开放型企业家

浙江企业家是浙江经济勇立潮头的核心支柱。在浙商论坛2005 年峰会上,习近平同志指出,在社会主义市场经济大潮中培育和成长起来的浙商群体,在浙江改革开放和经济社会发展中发挥了重要作用,为浙江的改革与发展作出了重大贡献,已经成为浙江发展的一支最活跃的生力军。[①]

---

① 杨佐零,朱霭雯,郎豫风,等.习近平在浙江|一群人走四方　他把他们比作"地瓜"[EB/OL].(2021-05-08)(2023-10-12). https://zj.zjol.com.cn/video.html? id=16626-59&duration=102.0&isVertical=0&fsize=33008577&width=1280&height=720&ref _aid=1663088.

习近平同志对浙商作用和浙商精神进行了精辟论述,他指出:"一部浙江改革开放的发展史,很大程度上是一部浙商敢为人先、勇立潮头的创业史;希望浙商做科学发展的实践者、和谐社会的建设者、改革创新的先行者。"[①]习近平同志的讲话,不但是对浙商群体的高度肯定,也提振了广大浙商对浙江经济和中国经济发展的信心。

浙商精神与熊彼特所阐释的企业家精神一脉相承。浙商故事所凝聚的浙商和企业家精神激励着一代又一代的浙江和中国企业家。浙商作为"地瓜经济"的执行者,是浙江经济发展最宝贵的财富,承担着主动变革、锐意创新、突围发展的历史重任,也得到了浙江省政府和社会各界的高度认可,浙商精神历久弥新。自 2011 年首届世界浙商大会召开以来,至 2022 年,这一盛会已经召开六届,成为弘扬浙商文化、传承浙商精神的重要平台。

二、资源汲取:构建国际要素配置网络

浙江企业抓住加入 WTO 的机遇,大步"走出去",在全球要素配置中搏击壮大,在要素跨境流动中迭代升级。加入 WTO 后,浙江企业"走出去"汲取和配置资源进入加速发展阶段,一大批境外资源开发基地、加工基地、研发基地迅速建立。到中美贸易摩擦前的 2018 年,浙江企业当年对外投资额达到 184 亿美元峰值,是 2002 年的 368 倍。这一时期,浙江企业对外投资实现了两大转变:一是从主体数量向规模质量转变;二是从企业单打独斗向产业集群迁移转变。培养出阿里巴巴、吉利、万向、青山等一批全球化的跨国公司。

---

① 中央党校采访实录编辑室.习近平在浙江(下册)[M].北京:中共中央党校出版社,2021:260-261.

浙江企业大力参与全球上游资源开发与稀缺要素利用。浙江人均资源拥有量排名全国倒数第三。为获取经济发展急需的资源，浙江企业积极拓展海外资源，如浙江省远洋渔业集团远赴太平洋对岸，与阿根廷等国家的企业合作，积极开展全球远洋捕捞与资源开发。不仅如此，浙江企业在海外获取资源呈现集群式发展路径。如宁波兴隆车业、宁波华州矿业相继到非洲刚果（金）、加蓬等国家投资开发铜矿、钴精矿、铅锌矿等，非洲已经成为浙江重要的海外矿产资源开发产业基地。此外，为获取高端要素，浙江企业还积极到海外布局研发资源，以实现对全球先进技术、人才和研发红利的深度整合。如华立集团在以色列设立研究中心、巨化集团在美国费城设立研发中心、万向集团在美国底特律设立联合研发机构、海康威视在加拿大蒙特利尔建立研发中心等。

积极参与海外并购重组是浙江企业参与国际要素配置的重要手段。如华立集团通过并购飞利浦集团 CDMA 通信部门以获取核心技术；2006 年，吉利集团与英国锰铜控股建立合资公司。海外并购重组开始成为当时浙江对外投资发展的新趋势。

三、增长生态：营造一流的对内对外开放制度

强化与开放规则的接轨和对接，进一步推动浙江开放经济向纵深发展，是对内对外开放发展的有机构成部分，也是引领开放的制度先导。在 2003 年 5 月 26 日召开的浙江经济体制改革工作会议上，习近平同志强调，浙江要对标世贸规则和国际惯例，建立适应国际规则的开放型制度环境。①

---

① 浙江省中国特色社会主义理论体系研究中心.从发挥体制机制优势到全面深化改革［N］.浙江日报,2018-07-27(5).

　　习近平同志到浙江工作时,中国刚加入 WTO 一年,浙江如何通过强化与市场经济和世界贸易组织规则的对接,加大对外开放的力度和广度,成为摆在浙江这一外贸大省面前的紧要问题。积极鼓励企业适应新的开放形势,构筑新的开放优势,推动浙江从"外贸大省"向"开放大省"转变,成为我国加入 WTO 后浙江的战略选择。

　　2004 年 3 月,浙江高规格召开全省对外开放工作会议,会上提出要坚持扩大开放与深化改革相结合,以开放促改革促发展。作为深化浙江开放的坐标,开放规则与国际接轨,有利于降低交易成本,强化标准制定和质量提升。为此,习近平同志认为,"改革开放是强国之路,不改革开放,就不能实现经济社会更快更好地发展,以开放促改革促发展,是经济发展的必然要求",要"以扩大开放推动改革深化,以大开放促进大发展"①。改革的推进,极大地推动了浙江开放型经济的大发展。2007 年,浙江进出口总额达 1768.4 亿美元,比上年增长 27.1%,是 2000 年的 6.4 倍;当年实际利用外资 103.7 亿美元,相当于 2000 年之前 20 多年的加总。②

　　习近平同志在浙江工作期间提出的深化改革力度、强化与国际规则融合等系列重要论述与战略部署,科学地回答了浙江对外开放如何对标以及对标目的和实施路径,为浙江经济更深层次融入国际市场提供了制度环境。

---

　　① 浙江省中国特色社会主义理论体系研究中心.从发挥体制机制优势到全面深化改革[N].浙江日报,2018-07-27(6).

　　② 2007 年浙江省国民经济和社会发展统计公报[EB/OL].(2008-03-26)[2023-07-07]. http://tjj.zj.gov.cn/art/2008/3/26/art_1229129205_519750.html.

第三节 实现路径

一、强贸易:从贸易大省到贸易强省

开拓国内国际两个市场,发展商贸服务。浙江借力深植于本地土壤的块状经济,业已形成强大的浙江制造产能规模,为建设市场大省奠定了产业条件。到 2001 年,浙江产品已广泛覆盖东北、华北、西北等国内市场,52 个块状经济主要产品的全国市场占有率超过 30%,其中部分产品市场占有率超过 80%。[①] 向国外市场延伸,扩大进出口贸易,是 21 世纪初期进一步提升"地瓜经济"竞争力的必然选择。我国加入 WTO 则为浙江扩大贸易,提高全球市场占有率,打造市场大省带来了历史窗口。

明确导向,强力推动对外贸易战略。在 2004 年 3 月 19 日召开的全省对外开放工作会议上,时任浙江省委书记习近平发表重要讲话。会后一个月,省委、省政府出台《关于进一步扩大开放的若干意见》,明确提出要实施对外贸易战略,进一步增强国际竞争力,从调整出口产品结构、开拓对外贸易市场、培育有效出口主体、建设公平贸易体系方面,形成了促进浙江对外贸易发展的系统方案与政策激励体系。21 世纪初期浙江对外贸易呈现跨越式增长(见图 1-1)。

纠偏认知,积极扩大关键设备、紧缺材料进口贸易。在鼓励扩大出口的同时,浙江积极加大关键设备、原材料、资源进口的力度。长期以来,受制于理念认知、发展阶段等方面的历史约束,浙江对

---

① 潘家玮,沈建明,徐大可,等.2005 年浙江块状经济发展报告[J].政策瞭望,2006(7):4-9.

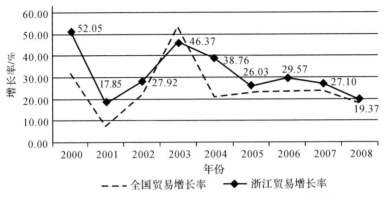

图 1-1　21 世纪初期浙江对外贸易跨越式增长①

外贸易存在较为严重的进出口结构失衡状况。就进出口结构失衡这一问题,时任浙江省委书记习近平在《浙江日报》"之江新语"专栏《重视进口的作用》一文中指出:"长期以来,受凯恩斯经济学理论的影响,我们一直将投资、消费和出口看成是拉动经济增长的'三驾马车',而将进口看成是国民经济的'漏出'。但实践证明,进口对增加要素供给、推动技术进步、改善人民生活具有不可替代的作用。多年来,我省'出多进少',贸易顺差大,这一方面是我省对全国的贡献,另一方面也反映了我省没有充分利用国外资源和要素。要充分发挥进口在补充资源供给不足、推动技术进步和产业升级等方面的作用,利用我省外汇储备充裕的条件,抓住明年我国降低进口关税的有利时机,大力组织急需的能源、原材料和关键设备进口。有关部门要加强对重点商品进口的组织协调,探索联合采购等办法,降低进口成本。"②在此后的一个时期,浙江进口贸易进入快速增长阶段。

从战略实施与政策绩效来看,在 2008 年国际金融危机爆发

---

① 数据来源:2009 年中国统计年鉴,2009 年浙江统计年鉴。

② 习近平.之江新语[M].杭州:浙江人民出版社,2007:126.

前,浙江进出口贸易总额进入了一个跨越式黄金增长期,到 2005年,浙江省进出口总额首次突破千亿美元大关,达 1075 亿美元,其中进口 306 亿美元,出口 769 亿美元。①

国际金融危机倒逼新发展。金融危机的爆发导致国际需求下滑,浙江进出口面临短期的严峻形势。浙江 2009 年度进出口、出口和进口均呈现负增长,这也是改革开放以来首次出现的负增长。针对这一状况,2009 年,浙江省委、省政府出台《关于进一步扩大开放加快提升经济国际化水平的若干意见》,从大力创建自主出口品牌、全面落实出口退税政策、着力推动企业开拓多元化国际市场、"走出去"拉动贸易、稳步推进加工贸易转型升级、改善进出口金融服务等方面形成应对金融危机对贸易冲击的系统方案,拉动浙江外贸从 2010 年起企稳恢复,进入新一轮增长期。

抢抓数字技术机遇创造贸易竞争新优势。随着互联网技术的普及和电子商务产业的迅猛发展,传统贸易订单逐年递减,并呈现碎片化、小额化和高频次化趋势,跨境电商为外贸市场带来了新的活力。跨境电商简化了传统贸易模式的流程,有效降低了中间环节的成本,给为数众多的浙江中小企业提供了平等参与国际贸易的平台。2012 年底,杭州和宁波被国家发改委、海关总署确定为首批跨境电子商务服务试点城市;2015 年,国务院批复同意设立中国(杭州)跨境电子商务综合试验区,杭州成为全国首个跨境电子商务综合试验区。一大批浙商和年轻的创新创业者,积极将"互联网+"的创新模式引入浙江的国际和国内商业活动中,创造了淘宝、天猫、阿里巴巴、速卖通、唯品会、网易

① 数据来源:浙江省经济综合外向度发展状况统计研究[EB/OL]. (2014-08-27)[2024-06-21]. https://tjj. zj. gov.cn/art/2014/8/27/art_1530860_20981047. html.

考拉等一大批电子商务贸易平台,重新定义了国际贸易与全球商业模式,塑造了数字经济时代条件下的浙江开放型经济新形象和新优势。

二、引进来:统筹本土经济与外资经济

壮大"地瓜经济",要求广泛吸收利用国内国际两种资源。通过引进外资,补上资本"缺口",是发展中国家加快产业结构转型、区域经济升级的普遍选择。浙江长期以来民营经济发达,民营企业活跃,但外部资金、外部人才、外部技术的吸收利用相对不足,民营经济与外资经济长期处于一条腿长、一条腿短的不均衡格局。根据国家统计局相关数据,2001 年浙江省实际利用外商直接投资额约 22.1 亿美元,占当年全国实际利用外资直接投资总额的比重仅约 4.7%,而同期广东省的数据已达 119.3 亿美元、江苏省的数据达 69.1 亿美元,浙江外资直接投资额尚不足广东的五分之一、江苏的三分之一。

为抢抓 21 世纪初期我国加入 WTO、国际产业转移浪潮等历史性机遇,时任浙江省委书记习近平强调指出:"引进外资,不仅是一个资金问题,更重要的是引进技术、人才和管理,促进产业结构的调整和提升的问题,是一个扩大开放的问题,是一个与国际接轨的问题。我们一定要转变观念,采取有效措施,加大利用外资的力度,提高对外开放的水平。否则,我们就会'瘸腿',就会丧失原有的优势,就会在竞争中落后。"[①]在加入 WTO 的历史性机遇以及新的开放理念的指引下,浙江省外资利用规模在 2002—2007 年这一阶段实现高速增长,年均增长率超过 15%,到 2007 年首次超过 100

---

① 习近平.之江新语[M].杭州:浙江人民出版社,2007:15.

亿美元,实现历史性突破。①

与其他省份相比,浙江的"引进来"具有四大鲜明特征。

(一)在宏观战略上,强调坚持将推动本土经济与外资经济互补发展作为引进外资的战略导向

外资引入规模的扩大和数量的增加,极大地改善了开放型经济的"瘸腿"状态,"但总体上看,我省利用外资的规模和水平还不高,本土经济与外资经济融合的程度还比较低,本土企业与外资企业还没有形成良性互动的发展格局。"②在浙江工作期间,习近平同志多次强调坚持在与外资企业互动融合中提升本土经济,并通过"选商引资"策略完成引进外资的战略目标。"这几年,我省多次强调要'选商引资',而不是单纯的招商引资,就是为了统筹本土经济和外资经济发展,使之相互补充、相互促进。"③在引入外资的具体路径上,需强调创新引资方式和结构,引导外资投向高新技术产业、基础产业和新兴服务业,重点引进对浙江产业升级具有重大带动作用的大项目、大企业,将外资利用与本土经济发展嵌入结构调整升级过程中一体推进。

(二)在微观组织结构上,强调本土民营企业与世界 500 强企业和行业龙头企业的融合嫁接

通过合作与融合提升浙江企业技术能力与国际竞争力。时任浙江省委书记习近平于 2006 年 6 月 19 日在《浙江日报》"之江新

---

① 开放强省　永不止步——"八八战略"实施 15 周年系列综述·扩大开放篇[N].浙江日报,2018-06-26(3).

② 习近平.干在实处　走在前列——推进浙江新发展的思考与实践[M].北京:中共中央党校出版社,2006:103.

③ 习近平.之江新语[M].杭州:浙江人民出版社,2007:210.

语"专栏《选商引资要做"合"字文章》中指出,"从微观上看,要解决好民营经济与外资经济的'结合'问题。'结合'的意思就是'以民引外、民外合璧'。要发挥浙江民营企业的优势,在管理、技术、制度、市场、文化等各个方面找准与引进企业的结合点,以人之长,补己之短,特别是将传统、支柱产业与世界龙头企业进行嫁接"①。世界 500 强企业和行业龙头企业在发展模式、技术能力、管理制度、市场网络、企业文化等方面具有先进性,存在显著的全面溢出效应。同时,还会对行业内企业形成"鲇鱼效应",扩大市场竞争,促进市场生态改善。

(三)在引进要素结构上,注重引资与引才、引技同步结合,充分利用国外人才与技术资源

习近平同志在浙江工作期间曾有一段精彩论述,强调"把引资作为一个'引子',以此来引进与外资'捆绑'在一起的先进的技术、管理、制度、理念、人才,开拓更高层次、更加广阔的国际市场,从而提升浙江企业和产业的档次"②。2003 年 7 月,浙江省委十一届四次全体(扩大)会议召开,会上明确提出了包括人才强省在内的"八八战略"。同年 12 月,浙江省人才工作会议召开,会上明确提出"大力实施人才强省战略",进一步强调要充分利用国内外人才智力资源。2002—2007 年,在"人才强省"战略指引下,浙江省在高层次人才发展以及高技能、实用人才队伍建设方面均取得跨越式发展。到 2022 年底,浙江省人才总量达到 1481.78 万人,比 2003 年

---

① 习近平.之江新语[M].杭州:浙江人民出版社,2007:210.
② 习近平.之江新语[M].杭州:浙江人民出版社,2007:210.

增长 4.4 倍。^① 此外,浙江的技术引进规模也迅速扩张,逐渐进入全国领先行列。数据显示,2005 年浙江技术引进合同数量首次超过 500 项,合同金额达到 11.3 亿美元,占全国的比重为 5.9%,位居上海、北京之后,列全国第三。到 2022 年,浙江对外技术引进合同数量、合同金额分别达到 656 项、20.4 亿元,持续处于全国技术进口第一方阵。^②

(四)在引进要素来源上,强调引进内资与引进外资同步

在扩大引进国外资金的同时,浙江同时大打"内资牌"。浙江省政府办公厅于 2005 年正式下发《关于成立浙江省引进内资工作领导小组的通知》,该领导小组由省经贸委等 17 个相关部门作为成员组成,形成引进内资的高级别统筹机构。浙江在加大内资引进力度上以企业服务年和项目推进年为着力点,重在引进内资上做好文章,好中选优,特别是要通过引进国家级大企业、大集团、行业龙头企业、著名民营企业以及世界 500 强企业,培育一批技术含量高、产业关联度大、带动作用明显、市场竞争力强、经济效益好的优势项目。

三、扩合作:加速国内大循环

历经改革开放初期市场经济的磨炼,且逐步完成资本与经验积累的浙江企业家,主动加强省际合作,实施跨省份投资,开拓国内大市场成为必然选择。在西部大开发、长三角区域合作、东北振兴、中部崛起、长江经济带等一系列国家重大区域战略引导下,浙

---

① 黄云灵,薛昊悦.爱才、引才、留才 浙江县委书记们各有妙招[EB/OL]. (2023-12-25)[2024-06-21]. http://zjnews.china.com.cn/yuanchuan/2023-12-25/405076.html.

② 邬焕庆,商意盈,唐弢,等.聚天下英才,谋盛世伟业——浙江实施人才强省战略二十周年观察[EB/OL]. (2023-12-28)[2024-01-20]. http://www.xinhuanet.com/politics/20231228/05fb64c93d4648778a31504dfa3594e0/c.html.

商、浙资成为撬动国内大市场最为活跃的一支经济力量，对提升国内需求、增进国内大循环形成了不可替代的战略支点功能。

(一)发挥区位优势，主动接轨上海深化长三角合作

主动接轨上海，是21世纪初期浙江对内对外开放战略中十分关键的一招。习近平同志在浙江工作期间，亲自擘画、谋篇布局，作出"八八战略"重大决策部署。在"八八战略"中，第二项就事关长三角合作，即"进一步发挥浙江的区位优势，主动接轨上海、积极参与长江三角洲地区合作与交流，不断提高对内对外开放水平"[①]。

树立"发挥比较优势、实现共赢"的科学合作理念。区位是开放发展战略中的基础条件，认识到浙江自身的区位优势才能为主动接轨上海、推进长三角一体化提供抓手。只有结合区域比较优势和区域分工，找准自身的位置，才能推进"接轨上海"和"长三角区域交流合作"。

构建促进政府、企业和民间的多方位合作平台。完善合作机制与合作平台，是加强经济合作、推动区域经济健康有序发展的内在要求和重要保证。浙江的特色之处在于从政府、企业、民间等多个渠道，建立区域间全面合作机制。2003年7月，浙江省专门成立"接轨上海参与长三角合作领导小组"。在思路与举措上，浙江利用长三角地区各省市之间地域相连、人缘相亲、交通相连等特点，发挥浙江的区位优势、产业优势、体制先发优势，整体推进长三角地区国际竞争力的不断增强，真正实现全方位对外开放。2005年12月，长三角主要领导第一次座谈会在杭州举行，此后长三角各省市每年轮流在一个省(市)举办座谈会，务实地探讨、交流、合作、深

---

① 习近平.干在实处 走在前列——推进浙江新发展的思考与实践[M].北京：中共中央党校出版社,2006:71.

化、融入各种项目,加强政策的统一性和协调性,着力消除市场壁垒,规范市场秩序,为要素的自由流动和各类经济主体的合作与竞争,提供良好的政策环境和发展条件。

(二)呼应国家战略,深入中西部开拓国内大市场

21世纪初期正式实施的西部大开发战略,为浙江对国内投资、打开国内市场带来了新的战略机遇期。为了响应中央作出的西部大开发战略,即东部带动西部实现区域平衡发展的战略,浙江鼓励浙商"走出去",顺应大势。一方面,是顺应大国发展的客观需要,响应中央的号召;另一方面,浙江的民间资本丰裕,投入资本稀缺的中西部,带动当地的发展,树立了浙江的良好形象,是一个双赢的战略,最终有利于浙江本土经济的发展。

2004年10月,习近平同志在全省对口支援和国内合作交流工作会议上,明确提出要"立足全局发展浙江,跳出浙江发展浙江"①。随后,浙江民营企业"走出去"投资创业步伐显著加快,迅速构成独特的"浙江人经济"现象。

在"跳出浙江发展浙江"战略指引下,浙江企业借助西部大开发、东北振兴等国家重大区域战略,在全国投资运营掀起新浪潮。"北上""西进""南下""东移"展现了浙商的投资发展轨迹。"北上"是指大量浙商进入东北三省;"西进"是指我国西部地区自然资源丰富,成为很多浙商进行投资开发的乐土;"南下"是指大量浙商到澳门和香港等地进行投资;"东进"是指浙商在沪投资,上海作为国际化大都市,其市场化程度很高,吸引了大量浙商前去投资。

浙江企业家到省外投资,产生促进优势互补、扩大内需、形成

---

① 李杲,谢晔,陈佳莹,等.钱江奔涌向大洋——习近平总书记在浙江的探索与实践·开放篇[N].浙江日报,2017-10-09(1).

国内大循环等多重效应。外省对"浙江人经济"从被动接受到主动承接，纷纷把浙江作为招商引资的首选之地。四川一些城市公开提出"引温州经济、承温州产业、兴地方经济"的口号，并在税收、配套服务等方面出台一系列优惠政策。浙商在"跳出浙江发展浙江"中，不仅延伸了浙江产业链，推动了浙江产业的梯度转移，还促进了资源要素的合理流动和优化配置，为国家区域统筹发展作出了贡献。

四、走出去：促进全球大循环

浙籍商人"走出去"开拓建设"全球浙江"的历史源远流长，根植于当地尤其是温台沿海一带浓郁的海洋文化和海商文化土壤。中国于2001年12月正式加入WTO，标志着中国对外开放进入了一个新的阶段，包括浙江企业在内的我国企业"走出去"投资、合作面临的国际经贸环境发生了历史性变革。

（一）布局建设全球市场网络

2004年3月，时任浙江省委书记习近平在全省对外开放工作会议上指出："实施'走出去'战略是扩大对外开放的重大举措。随着我省经济发展和综合实力日益增强，企业'走出去'的条件越来越成熟，要求也越来越迫切。我们要鼓励和支持有比较优势的企业到境外投资，积极参与区域经济交流和合作。"[1]

把握"入世"战略机遇，浙江企业"走出去"打开新局面。基于新阶段"跳出浙江发展浙江""走出去"战略指引，以及相应政策环境的优化支持，浙江经济充分把握住了全球化战略趋势、企业家数量优势、资本充裕优势，企业和专业市场开展境外扩张的步伐、层

---

[1] 习近平.干在实处 走在前列——推进浙江新发展的思考与实践[M].北京：中共中央党校出版社，2006:113.

次和水平全面迅速提高，企业"走出去"的数量大幅增长。从 2000 年到 2007 年，浙江对外直接投资额以年均 63.84% 的速度增长。到 2007 年，浙江核准在境外投资的机构达 3039 家，累计投资总额 20.94 亿美元，星罗棋布于全球 127 个国家和地区。^① 万向、吉利、雅戈尔等一批具有全球影响力的企业均在这个阶段迅速全球化，建立了广泛的境外营销网络，浙江企业经营、生产、研发和资源利用的国际化水平，在规模和质量上均出现巨大进步，境内主体数和境外机构数均跃升至全国第一。21 世纪初期浙江企业"走出去"境外投资企业数如图 1-2 所示。

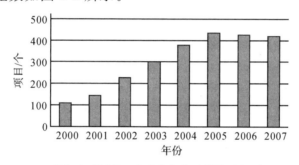

图 1-2　21 世纪初期浙江企业"走出去"境外投资企业数^②

(二)境外并购研发与生产基地

金融危机条件下浙江企业加速资本输出，化危为机。到 2008 年，一场席卷全球的金融危机突如其来，给世界各国的经济造成了巨大的冲击。国际大宗商品价格明显回落，境外资产价格大幅缩水，参股、并购境外企业的成本和价格相比以往下滑很多，为浙江企业"走出去"境外并购提供了难得的历史窗口。特别是在 2010

---

① 李昊,谢晔,陈佳莹,等.钱江奔涌向大洋——习近平总书记在浙江的探索与实践·开放篇[N].浙江日报,2017-10-09(1).

② 数据来源:2000—2007 年浙江省国民经济和社会发展统计公报,2008 年浙江统计年鉴。

年,吉利集团巨资收购瑞典沃尔沃汽车项目后,浙江对外投资额度跃居到全国首位。浙江对外投资具有鲜明的"跨境并购"特征,并呈现"987"模式,即99％以上都是由民营企业完成,80％以上是投向欧洲、美国、日本等发达国家和地区,70％以上主要集中在汽车及零部件、机电装备、生物医药、化工等先进制造业领域,成为浙江转型升级的重要支撑。[①] 浙商企业通过参股、并购等跨境并购方式迅速获取境外先进技术、品牌、人才、能源等稀缺要素,提升了国际竞争力,拓展了发展空间。

建设境外市场网络节点和境外商贸园区,成为浙江"地瓜经济"藤蔓深植于当地的重要载体。从2005年泰中罗勇工业园成为浙江省第一家国家级境外经贸合作区以来,境外经贸合作区已经成为浙江参与国际产业分工合作、构建新发展格局的重要载体。

(三)布局共建"一带一路"国家经贸合作区

党的十八大以来,浙江省委、省政府积极践行"地瓜理论",坚定支持浙江企业以"一带一路"为主线,强化全球化布局,充分利用国内国际两种资源、两个市场,做大总部经济,做强市场竞争力,做好经济发展"增量",助力构建以国内大循环为主体、国内国际双循环相互促进的新发展格局。浙江省充分利用"开放程度高、经济实力强、辐射带动作用大的优势",积极参与和助力"一带一路"建设,取得了丰硕成果。布局在共建"一带一路"国家的园区共14家,初步形成了贯穿共建"一带一路"国家的经贸合作区布局,覆盖加工制造型、资源利用型、科技研发型、农业产业型、商贸物流型等商务部认定的所有园区类型。"一带一路"对外投资产生了强大的贸易

---

① 跨境并购的浙江模式,看这一篇就够了[EB/OL].(2016-11-07)[2023-07-26].https://www.jiemian.com/article/944463.html.

扩张效应,从 2014—2020 年浙江进出口数据来看,浙江对共建"一带一路"国家的进口增长率要显著高于非共建"一带一路"国家,出口增长率也高于非共建"一带一路"国家。"产地销"到"销地产",由跨国投资拉动反向贸易和技术流、人才流、资金流互动,浙江跨国投资形成显著的国际大循环效应。

五、再回来:"浙商回归"与总部经济

在大量浙商"跳出浙江"投资创业的另一面,在外创业并积累了大量财富的浙江商人也在通过资金汇回、项目投资等多种形式"反哺"浙江发展。这既是企业投资的理性选择,也是在外浙商的乡情、亲情、友情的体现。"浙商回归"战略理念发轫于 2004 年。浙江省委政策研究室实施的一项课题调查成果——《浙江人在外投资创业的调查报告》[①]中明确提出,"在外浙江投资创业人员是浙江经济发展的一支重要力量""要以战略思维立足全局发展浙江、跳出浙江发展浙江"。一方面鼓励、引导浙江人"走出去"投资创业,另一方面积极引导在外浙江人回乡投资,抓紧研究制定吸引在外浙江创业者回乡投资的若干政策。

(一)促进在外浙商更好地为发展浙江服务的战略导向

在习近平同志关于"浙江经济"与"浙江人经济"关系论述指引下[②],浙江各级党委、政府把在外浙商与浙江经济更加紧密地联结起来,鼓励浙商把"走出去"到省外、海外投资创业与回乡"反哺"结合起来,形成"走出去"和"引进来"双向互动、良性发展的新格局,促进在外浙商更好地为发展浙江服务。为了充分鼓励和引导更多

---

① 潘家玮.跳出浙江 发展浙江:浙江在外投资创业基本情况调研文集[M].北京:研究出版社,2005:1-6.

② 习近平.之江新语[M].杭州:浙江人民出版社,2007:233.

的省外浙商参与浙江经济社会建设,浙江省人民政府经济技术协作办公室于 2006 年初正式提出实施"省外浙商回归工程",并纳入《浙江省"十一五"国内合作交流发展规划》。

(二)国际金融危机加速"浙商回归"

国际金融危机爆发后,国际经济需求持续萎缩。浙江作为外向型经济大省,外贸对经济增长的驱动作用受到显著抑制。在 2011 年举办的首届世界浙商大会上,"创业创新闯天下、合心合力强浙江"成为会议的主题。时任中共中央政治局常委、国家副主席习近平发来贺信,指出"希望浙商群体审时度势、抓住机遇,深入传承浙商文化、大力弘扬浙商精神,继续用好国内国外两个市场、两种资源,把奋力向外拓展同积极向内拓展结合起来,把富而思进同富而思源、富而思报结合起来"①,释放出强烈的新时代促进"浙商回归"的信号。

2012 年,"浙商回归工程"被列为浙江省经济工作的"一号工程"。"浙商回归"顺利帮助浙江企业度过了产业转型升级的阵痛期,为浙江经济转型注入了新的活力。到 2013 年,时任浙江省省长李强提出,"无论过去、现在还是将来,我们都尊重经济规律,鼓励浙商把走出去发展和回归家乡发展结合,在更广阔的经济舞台上发挥作用,形成省内、省外良性互动发展的格局,实现'创业创新闯天下'和'合心合力强浙江'的有机统一,这是浙江经济转型升级和浙商转型发展的客观要求。因此,我们对浙商走出去和回归家乡始终秉持开明的态度,一切为了浙商更好地发展"②。

① 首届世界浙商大会在浙江杭州开幕 习近平致信祝贺[EB/OL].(2011-10-25)[2023-07-11].https://www.gov.cn/ldhd/2011-10/25/content_1977926.htm.

② 赵晔娇,江耘.浙江省长:浙商扛转型升级大旗 改革创新赢红利[EB/OL].(2013-03-06)[2022-11-09].https://www.chinanews.com/gn/2013/03-06/4620004.shtml.

(三)打造总部经济,进一步提升"浙商回归"质量

作为国际分工的高端环节,总部经济具有产业集聚、知识密集的特征,在"浙商回归"战略深入推进的过程中,打造总部经济也成为必由之路。浙江明确建设总部经济的顶层设计及三大方向,一是明确总部回归的重点,主要锁定在外浙商大企业的研发中心、营销中心、展示中心等功能性机构,着力引进区域性总部、综合性总部;二是明确回归总部的空间布局,发挥杭宁温三大中心城市的优势,相应建立三大区域性总部中心;三是明确总部回归的政策配套,有针对性地研究制定促进浙商总部回归的财政、税收和金融支持等系列政策措施,形成水到渠成、百川归海的吸纳效应。

从"引进来"到"走出去"、从"走出去"到"再回来",是浙江"地瓜经济"开放模式的生动体现。通过"引进来"在本地吸纳境外资金、人才等要素,壮大本土经济与民营企业;等竞争能力提升到一定阶段,直接"走出去"建设境外营销市场、研发基地、资源网络就成为必然选择;"再回来"则是以大企业和高端产业作为产业升级的"排头兵",推动回归的浙江资本和项目,向信息、能源、生物、医药等面向未来的战略性新兴产业和总部经济等现代服务业转移,驱动整个浙江经济的转型发展、创新发展。

第四节　未来导向:"双循环"战略枢纽

一、驱动"双循环"的全球链主集群:打造"地瓜经济 2.0"

2008 年爆发的国际金融危机,对自 20 世纪 80 年代以来的经济全球化产生了重大方向性的冲击,美国启动"再工业化"进程,中美、中欧贸易摩擦加剧。2020 年新冠疫情爆发使经济全球化遭受

第二次重大冲击,世界主要国家充分意识到了全球供应链过度分散或过度集中在某一地区的潜在风险。产业安全作为一种底线思维,成为考量一国参与国际分工战略的重要因素,风险作为一种底层变量,也被深度嵌入企业对外贸易与投资决策之中。

新冠疫情冲击后,企业生产、投资、并购决策将更加考虑在产业上下游密集区域的布局,以最大限度地降低全球分散采购和运输风险。产业中某一核心环节或领导企业一旦在区域中落地,就会产生强大的连锁效应,带动上下游众多企业集聚,形成产业链群。在产业链群内部,企业纵向密切分工、横向密集成群,既可具备产业集群的成本优势,又能获得上下游协同优势。

从微观主体上看,提升对内对外开放能级的核心在于塑造一批真正的基于浙江的全球性跨国公司。当前,以人工智能、大模型等为标志的新一轮科技革命与产业变革风起云涌,浙江在新一代互联网、数字安防、智能视觉等局部产业领域已体现出显著的国际竞争优势,为构建产业链"链主"打下了坚实基础。要加快实施面向战略新兴产业的产业链"链主"建构型战略,鼓励行业龙头企业、平台型企业对产业上下游资源进行兼并重组,从产业链"嵌入者"转变为产业链"链主"。同时,抓住当前世界经济下行与产业资产价格下滑周期,推动领军企业"走出去"到共建"一带一路"国家进行产业链资源纵向整合,汲取关键矿产、人才、研发、专利等稀缺要素,补齐产业链薄弱环节,提升价值链地位和话语权,成为全球新一代产业链建构者与价值链主导者,提高浙江乃至全国构建新发展格局的总体统筹能力。

二、支撑"双循环"的新一代数字贸易平台

在互联网大潮的冲击下,传统线下贸易方式无法适应数字化时代的需求。贸易方式和供应链的数字化,是增强供应链稳定性的必由之路,也是降低产业运营成本、提升经济效率的必要选择。区块链、物联网、大数据、5G、人工智能等各种数字技术大量应用于贸易流程中的交易、交付、结算、仓储、物流等全环节,新的信用体系建立,极大地提升了贸易效率,降低了物流成本,以交易的数据化、智能化,推动贸易的便利化和全球化。

在新兴数字贸易生态与组织架构中,数字贸易平台成为关键中枢,构成国际贸易的双边交易撮合者、国际信息处理者。近年来,浙江跨境电子商务模式在全国领先发展,得益于浙江高速发展的电子商务产业、强大的制造业基础、政企协调和大量的出口企业。

基于现有的数字贸易平台,未来浙江应进一步推动数字平台企业真正覆盖全球各地,实现全球买、全球卖,以"数据+科技+服务"的模式,为全球贸易商提供交易匹配及物流、通关、金融、大数据等服务,搭建起基于供应链全流程节点共同维护的联盟链。此外,应驱动线上贸易与线下实体经济密切融合,在数字贸易平台持续驱动产业链商流、信息流、物流以及资金流"四流合一"的作用下,实现数字贸易平台向生态型产业平台加快升级,以打造新型产业供需关系和生态协同关系。

三、加速"双循环"的高能级自由贸易港

自由贸易区是广泛吸纳全球高级要素、促进贸易投资一体化的战略载体。建设中国(浙江)自由贸易试验区(以下简称"浙江自贸试验区")是党中央、国务院作出的重大决策,是新时代推进改革开放的战略举措。浙江自贸试验区 2017 年 4 月正式挂牌,至 2020年 4 月,浙江自贸试验区对照《中国(浙江)自由贸易试验区总体方案》(以下简称《总体方案》),实施了 89 项试点任务,复制各项改革

试点经验 184 项;形成特色制度创新成果 116 项,其中全国首创 52 项,被国务院及相关国家部委在全国复制推广 27 项。[①] 2020 年 9 月,浙江自贸试验区正式扩区,成为继上海自贸试验区之后,全国第二个扩区的自贸试验区。

建设高水平自由贸易港,为浙江打造新发展格局的战略枢纽提供重要支撑。近年来,浙江按照促进以"零关税、零壁垒、零补贴"为核心的贸易自由化、促进以"境内开放＋竞争中立"为核心的投资自由化、促进以"国民待遇＋风险可控"为核心的人力资本流动自由化、促进以人民币国际化为核心的金融自由化等四个方面的战略思路,对标高标准国际经贸规则,推出了一大批基础性、制度性、开创性改革开放举措,努力打造中国参与国际竞争的核心平台、对标与引领国际高标准贸易投资规则的试验田、虚实经济深度融合的海洋大数据服务中心、海陆内外联动与东西双向互济的战略枢纽。

◆◆ **本章小结**

21 世纪初期我国加入 WTO,为浙江开放型经济发展提供了新的历史契机和新的发展平台。习近平同志在浙江工作期间,形成了一系列关于推进对内对外开放发展的理论成果、制度成果与实践成果。本章系统回顾了对内对外开放发展理论的历史起点、理论逻辑、实现路径与未来导向,通过体系化、学理化解构对内对外开放发展有关论述的内核,力求清晰地揭示"加快构建以国内大循环为主体、国内国际双循环相互促进的新发展格局"等重要战略决策在浙江的萌发与实践进程。

---

① 李杨,马伟峰,陈潇奕.改革开放新高地 创新发展新征程——写在中国(浙江)自由贸易试验区挂牌三周年之际[N].浙江日报,2020-04-07(12).

◆◆ **思考题**

1.在对内开放与对外开放同步发展过程中,浙江是如何统筹两者关系的? 试阐述其主体、路径和效应。

2."浙商回归"在浙江开放型经济中发挥什么作用?

3.如何在新时代打造"地瓜经济 2.0"?

4.习近平同志在浙江工作期间形成的一系列关于浙江对内对外开放的论述与实践成果,与党的十九届五中全会提出的"加快构建以国内大循环为主体、国内国际双循环相互促进的新发展格局"的历史、理论与实践有怎样的关系?

◆◆ **拓展阅读**

1.习近平.之江新语[M].杭州:浙江人民出版社,2007.

2.习近平.干在实处　走在前列——推进浙江新发展的思考与实践[M].北京:中共中央党校出版社,2006.

3.习近平.习近平谈治国理政(第二卷)[M].北京:外文出版社,2017.

4.习近平.新发展阶段贯彻新发展理念必然要求构建新发展格局[J].求是,2022(17):4-17.

5.中央党校采访实录编辑室.习近平在浙江(上册)[M].北京:中共中央党校出版社,2021.

6.黄先海,叶建亮,等.内源主导型:浙江的开放模式[M].杭州:浙江大学出版社,2008.

中国将始终是全球共同开放的重要推动者,中国将始终是世界经济增长的稳定动力源,中国将始终是各国拓展商机的活力大市场,中国将始终是全球治理改革的积极贡献者!

——摘自《共建创新包容的开放型世界经济》(2018 年 11 月 5 日)[①]

实践证明,过去 40 年中国经济发展是在开放条件下取得的,未来中国经济实现高质量发展也必须在更加开放条件下进行。这是中国基于发展需要作出的战略抉择,同时也是在以实际行动推动经济全球化造福世界各国人民。

——摘自《中国开放的大门只会越开越大》(2018 年 4 月 10 日)[②]

第二章 对外贸易的演进:从"买全国、卖全国"到"买全球、卖全球"

◆◆ 本章要点

1. 义乌是改革开放以来浙江县域经济发展的典型,也是浙江经济社会发展的一个缩影。义乌通过"义博会""工贸互动"等战略举措,让越来越多的浙江产品走向了世界,促进了国内国际经贸交流与合作,推进了浙江经济融入全球经济发展。

2. 从 1978 年至 21 世纪初期,浙江对外贸易存在较为严重的进出口结构失衡状况。在 2001 年我国加入 WTO 的背景下,浙江出台了一系列举措扩大进口,对促进经济增长与国际大循环发挥

---

① 习近平.习近平谈治国理政(第三卷)[M].北京:外文出版社,2020:203.
② 习近平.习近平谈治国理政(第三卷)[M].北京:外文出版社,2020:194.

了四重效应：有利于增加要素供给，突破发展制约；有利于促进消费多元化需求，增进社会福利；有利于促进进出口平衡，优化国际贸易环境；有利于释放溢出效应和竞争效应，促进技术进步与产业升级。

3.针对出口贸易结构传统、固化与相对单调的问题，浙江于2004年3月高规格召开全省对外开放大会，提出要实现从"外贸大省"到"开放大省"的跨越，实施对外贸易战略，优化贸易结构，提高国际市场份额，提升国际竞争力。

第一节　开放浙江重要窗口：总结推广
义乌发展经验

从"马路市场"到全球最大的小商品贸易基地，从"卖全球"到"买全球"，义乌小商品贸易的跨越式升级，为21世纪以来的浙江对外贸易发展提供了一个生动的历史样本。

一、21世纪前的义乌小商品贸易迭代

义乌隶属于浙江省金华市，从一个落后的小县城到成为著名的"世界小商品之都"与"快递之城"，它的发展可谓传奇。"义乌是改革开放以来浙江县域经济发展的典型，也是当前全省经济社会发展的一个缩影。"[①]2006年，时任浙江省委书记习近平在接受采访时这样评价义乌的发展。

在进入21世纪前，义乌小商品贸易发展已先后经历了三代。20世纪70年代末80年代初，我国由计划经济向市场经济转轨之

---

① 王晋,刘春,沐阳.义乌传奇——义乌小商品市场改革发展纪事[N].经济日报,2018-09-17(13).

初,义乌率先建立了小商品市场,也就是第一代"马路市场"。各地涌现出各类市场后,义乌市场转型发展为第二代批发市场,成为全国小商品流通中心。第三代市场"以商带工",发挥商贸资本雄厚、市场信息灵敏等优势,发展与市场关联度高的小商品加工业。但是,截至 2001 年,义乌出口贸易并未有显著增长。从历史数据来看,义乌 2000 年地区生产总值已突破百亿元大关,小商品国内市场交易额接近 200 亿元,但出口总额尚不足 3 亿美元。[①] 总体上看,2000 年前后,义乌小商品市场仍以国内销售与流通为主,尚未进入"卖全球"的国际贸易阶段。

二、打造全球最大的小商品贸易基地

进入 21 世纪特别是我国加入 WTO 后,对外开放形势发生了重大变化。时任浙江省委书记习近平对义乌在新阶段的开放发展给予了高度关注与热情支持。2003 年 10 月 22 日,第九届中国义乌国际小商品博览会开幕,习近平同志专门发来贺信,指出:"义乌小商品博览会是提高义乌国际知名度的重要载体,是展示浙江市场大省和先进制造业形象的重要舞台,也是宣传浙江改革开放和现代化建设成就的重要窗口。"[②]

2004 年 10 月 22 日,第十届中国义乌国际小商品博览会开幕,习近平同志出席开幕式并在致辞中指出,中国义乌国际小商品博览会"是我省展示开放浙江形象和市场大省风采的一个重要窗口"[③],希望"进一步提升'义博会'的层次和国际化水平,提高'义博

---

① 叶庆鹏. 义乌市小商品的出口现状与对策研究[J]. 科技广场,2009(10):35-37.

② 中国义乌国际小商品博览会开幕[EB/OL]. (2003-10-23)[2023-10-13]. https://zjnews.zjol.com.cn/system/2003/10/23/002036698.shtml.

③ 吴小锋. 习近平同志与"义乌发展经验"的总结推广[EB/OL]. (2022-10-27)[2022-11-13]. http://swdsyjs.jinhua.gov.cn/art/2022/10/27/art_1229393525_30776.html.

会'的质量和办展成效，让越来越多的海内外朋友了解浙江，让越来越多的浙江产品走向世界，为促进国际国内经贸交流与合作，推进浙江经济融入全球经济发挥更大的作用"①。

我国加入WTO的重大机遇、浙江省对内对外开放政策的变化为义乌小商品走向世界提供了历史性条件。义乌及时把握经济全球化潮流，面向世界，走国际化发展道路，建造了能够吸引国际高端客户、向国际市场转型发展的国际商贸城。到2005年，义乌国际商贸城一期、二期落成，90%以上的商户都经营外贸业务。

2002年至2008年国际金融危机爆发前的这一时期，成为义乌出口贸易增长的黄金期。义乌大力发展国际贸易，向全球出口小商品，逐渐形成以国际贸易、洽谈订单、商品展示、现代物流等为主的新型贸易业态，初步完成由"买全国、卖全国"向"买全球、卖全球"的历史性跨越。2005年，义乌被联合国、世界银行与摩根士丹利等权威机构称为"全球最大的小商品批发市场"。从历史数据来看，义乌出口总额由2001年的2.08亿美元上升到2007年的16.7亿美元，7年间增长7倍，年均增长率超过35%，在出口广度上，已覆盖177个国家和地区（见图2-1）。义乌已成为我国最大的小商品出口基地和重要的国际贸易窗口。

2008年国际金融危机后，义乌对外贸易中存在的一系列结构性问题逐渐加剧，例如出口产品低端、交易方式传统、管理体制制约、支撑体系薄弱等。面对这些问题，义乌需要改革与创新以激发新的活力。2011年3月4日，国务院正式批复《浙江省义乌市国际

---

① 吴小锋.习近平同志与"义乌发展经验"的总结推广[EB/OL].(2022-10-27)[2022-11-13].http://swdsyjs.jinhua.gov.cn/art/2022/10/27/art_1229393525_30776.html.

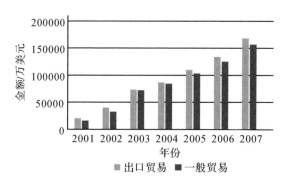

图 2-1　21 世纪初期义乌小商品贸易增长态势[①]

贸易综合改革试点总体方案》。义乌成为全国首个由国务院批准的县级市综合改革试点城市，将承担探索建立新型贸易方式、优化出口商品结构、探索现代流通新方式、应对国际贸易摩擦和壁垒等九个方面的主要试点任务。2012 年 1 月，国务院办公厅正式印发《推进浙江省义乌市国际贸易综合改革试点重点工作分工方案》的通知，该方案内容包括建立"市场采购"新型贸易方式、支持电子商务发展、建设国家级小商品国际贸易区及发展进口和转口贸易等18 项内容。

市场采购贸易是义乌贸易制度创新的重要成果。义乌之前沿用一般贸易的通关方式，每种商品都需要单独报关，但小商品存在数量少、品种多、更新快的特点，一一报检货物效率低下，造成很多经营户和企业订单流失。而市场采购新型贸易方式，可以按照自检、验证、核查三种方式分类检验。海关和检验检疫部门对市场采购贸易方式采取便利的通关措施，80% 左右的商品能实现窗口审单放行，大大提高了报检效率。多年建设的诚信体系转化成了效益，诚信等级高的企业，报关可以抽检甚至免检放行。

---

①　数据来源：2001—2007 年义乌市国民经济和社会发展统计公报。

在开放通道创新方面,2014年11月,"义新欧"中欧班列从义乌出发,抵达终点马德里,成为连接中国与欧洲的重要战略通道。义乌以"义乌中国小商品城"为纽带,通过管理模式和标准输出等方式,不断加快市场品牌、管理等轻资产"走出去"步伐,发展加盟分销市场,搭建覆盖全国乃至全球的蛛网式市场平台,打造万亿级"义乌系"市场体系。2016年3月,地处"义新欧"沿线的波兰华沙分市场挂牌开业,成为义乌中国小商品城首个海外分市场。此外,义乌企业已经在莫斯科、马德里等地建有海外仓60余个。义乌已成为转变外贸发展方式示范区、带动产业转型升级的重要基地、世界领先的国际小商品贸易中心和国际商贸名城。

三、开放发展中的"义乌发展经验"

习近平同志在浙江工作期间,亲自领导和指导总结推广"义乌发展经验"。早在2005年10月,习近平同志在第十一届中国义乌国际小商品博览会的贺信中就指出,近年来义乌"实现了经济社会跨越式发展,创造了令人惊奇的'义乌经验'"[1]。在习近平同志的指示下,浙江省委办公厅、省委宣传部、省委政策研究室等有关部门的同志组成调研组,于2005年11月进入义乌开始调研,最后起草形成了《全面建设小康社会的成功典范——关于义乌发展经验的调查报告》,总结了"义乌发展经验"的六个方面内容。随后,浙江省委、省政府专门下发了《关于学习推广义乌发展经验的通知》,并全文转发了调查报告。2006年6月8日,时任浙江省委书记习近平来到义乌,推动当时已在浙江掀起的学习义乌发展经验热潮。

---

[1] 吴小锋.习近平同志与"义乌发展经验"的总结推广[EB/OL].(2022-10-27)[2022-11-13].http://swdsyjs.jinhua.gov.cn/art/2022/10/27/art_1229393525_30776.html.

他感叹:义乌的发展简直是"莫名其妙"的发展、"无中生有"的发展、"点石成金"的发展。① 2006 年 7 月 15 日,《经济日报》发表习近平同志署名文章《学习推广义乌发展经验,促进浙江经济社会又快又好发展》,指出:"义乌的发展是浙江发展的一个生动缩影。义乌人民创造的发展经验,是全面建设小康社会的成功经验,是推动经济社会发展逐步走上科学发展轨道的创新经验,是浙江人民创造的'浙江经验'的生动体现和有机组成部分。"② 习近平同志在浙江、上海工作期间,先后 12 次到义乌调研指导,亲自总结推广义乌发展经验,到中央工作后仍十分关心关怀义乌发展,在国内外重要场合推介义乌和"义新欧",肯定"义新欧"中欧班列是共建"一带一路"的早期收获,将义乌定位为世界小商品之都。③ 由此,义乌发展经验成为继温州模式之后,浙江又一个以发展市场经济为取向、以开放发展为鲜明路径的中国改革开放典型样本。

义乌对外贸易的发展历程,是展示开放浙江形象与市场大省风采的一个重要窗口。开放发展是"义乌发展经验"的战略组成部分。

历史地看,义乌开放发展的经验主要体现在以下几个方面。

(一)始终坚持辩证思维,跳出义乌发展义乌

习近平同志在浙江工作期间,提出要"跳出浙江看浙江",进一步认识和把握自身的优势,强化现有优势,发掘潜在优势,努力把

---

① 徐朝晖,盛游. 从"无中生有"到"无奇不有" 义乌发展经验:永载史册的改革丰碑[EB/OL].(2021-06-08)[2022-11-14]. http://swb. jinhua. gov. cn/art/2021/6/8/art_1229168159_58851423. html.

② 吴小锋. 习近平同志与"义乌发展经验"的总结推广[EB/OL].(2022-10-27)[2022-11-13]. http://swdsyjs. jinhua. gov. cn/art/2022/10/27/art_1229393525_30776. html.

③ 吴小锋. 习近平同志与"义乌发展经验"的总结推广[EB/OL].(2022-10-27)[2022-11-13]. http://swdsyjs. jinhua. gov. cn/art/2022/10/27/art_1229393525_30776. html.

原有的劣势转化为新的优势。市场是义乌经济社会发展的龙头和生命线,是推动义乌发展的动能,也是建设"世界小商品之都"的关键所在。在努力扩大出口的同时,义乌大力培育进口市场,努力成为全国重要的进出口商品集散地,发展加盟分销市场,搭建覆盖全国乃至全球的蛛网式市场平台,打造万亿级"义乌系"市场体系,不断推动义乌真正形成"买全球、卖全球",出口与进口、外贸与内贸协调发展的格局。①

(二)始终坚持战略思维,在融入、借势、服务国家开放战略中实现更高水平的开放发展

早在 2005 年 4 月,习近平同志就提出,为适应经济全球化趋势,必须进一步树立全球战略意识,把增强国际竞争力作为一个重大的战略取向,坚定不移地扩大对内对外开放,为推进发展创造更大的空间。② 2013 年,习近平总书记提出"一带一路"倡议后,义乌主动参与国家"一带一路"建设,探索沿海内陆地区对外开放的模式,构筑对外开放通道,提升对外开放水平,在国家新一轮对外开放大格局中主动担当、赢得发展。2014 年 11 月,第一辆"义新欧"中欧班列从浙江义乌西站发出,途经俄罗斯、波兰、德国、法国等重要欧洲国家,最终到达西班牙首都马德里,成为连接中国与共建"一带一路"国家的一条重要纽带。

---

① 盛秋平.深化义乌国际贸易综合改革试点 推动更高水平对外开放[J].政策瞭望,2021(4):17-21.

② 盛秋平.深化义乌国际贸易综合改革试点 推动更高水平对外开放[J].政策瞭望,2021(4):17-21.

(三)始终坚持创新思维,不断通过制度型开放,激发广大市场主体活力和释放群众首创精神

习近平同志在浙江工作期间,注重发挥浙江的体制机制优势,坚持和完善现有制度,及时制定新制度,不断汇聚全社会创新活力。2008年国际金融危机后,低成本、低价格、粗放发展、以量取胜的对外贸易扩张模式已难以为继,义乌抢抓机遇,开展国家级综合配套改革试点工作,创新市场采购贸易方式,以此突破国际贸易发展中的约束,走出贸易创新发展之路。义乌在国际贸易综合改革试点的基础上,不断拓展改革内涵与外延,相继落地建设国际贸易综合改革试验区、综合保税区、自贸试验区等多个国家重大开放平台,有力地支撑了全国改革开放的总体布局,不断释放制度创新的红利,也不断重塑市场发展优势与体制机制新优势。

◆◆【案例2-1】

习近平同志与"义乌发展经验"的总结推广

一、"义乌发展经验"形成的时代背景

义乌小商品市场发轫于20世纪80年代早期。1982年底,刚刚从土地束缚中解脱出来的义乌农民发挥经商传统,在稠城、廿三里自发形成了小商品集市。当时的县委、县政府排除争议,因势利导,开放了两个小商品市场,大胆提出"四个允许"(允许责任田转包;允许带三至五名学徒或帮手;允许议价销售;允许长途运销),并从小商品市场的繁荣兴旺带来农村商品经济深刻变化中得到启发,于1984年提出了"兴商建县"的发展战略,从而走出了一条具有鲜明特色的区域经济社会发展之路。到了20世纪90年代初,

义乌小商品市场从区域市场一跃成为全国性的小商品流通中心。

随着我国加入 WTO 和开放步伐的进一步扩大,义乌"兴商建市"之路越走越广,义乌小商品贸易和各项经济指标继续高歌猛进。2003 年,义乌市第十一次党代会提出要"在全省率先基本实现现代化""加快建设国际性商贸城市";2005 年,义乌中国小商品城被联合国和世界银行誉为全球最大的小商品批发市场;2006 年,义乌"中国小商品指数"诞生。

改革开放以来,义乌通过"兴商建县(市)"的探索实践,摆脱了延续几千年的传统农业县贫困落后面貌,缔造了全国最大的小商品市场,跻身全国经济百强县市,成为浙江全面建设小康社会的成功典范。

二、习近平同志亲切关怀和推动义乌发展

2002 年,习近平同志到浙江工作后,高度关注义乌经济社会发展。从 2002 年 10 月到 2007 年 3 月,习近平同志先后 11 次到义乌,深入义乌调研市场、农村、企业、机关了解掌握情况,认真听取发展情况汇报。2002 年 12 月 27 日,习近平同志第一次到义乌调研,实地考察了大陈二村、国际商贸城、梅湖会展中心、梅湖体育中心、义乌市 365 便民服务中心等地,并认真听取义乌市经济社会发展情况汇报,他指出,义乌经济社会发展在全省处于领先水平,在国内外有一定的知名度,是党的改革开放政策正确指引的结果,也是义乌人民共同努力的结果。

习近平同志对当时义乌通过义博会等展会平台扩大国内国际经贸交流与合作,给予了充分肯定和热情支持。2003 年 10 月 22 日,第九届中国义乌国际小商品博览会开幕,习近平同志专门发来了贺信,指出:"义乌小商品博览会是提高义乌国际知名度的重要载体,是展示浙江市场大省和先进制造业形象的重要舞台,也是宣传浙江改革开放和现代化建设成就的重要窗口。"要求义乌"再接再厉,乘势而上,开拓进取,不断创新,努力把义乌建设成为国际性商贸城市!"2004 年 10 月 22 日,第十届中国义乌国际小商品博览会开幕,习近平同志出席开幕式并致辞,认为中国义乌国际小商品博览会"是我省展示开放浙江形象和市场大省风采的一个重要窗口",希望"进一步提升'义博会'的层次和国际化水平,提高'义博会'的质量和办展成效,让越来越多的海内外朋友了解浙江,让越来越多的浙江产品走向世界,为促进国际国内经贸交流与合作,推进浙江经济融入全球经济发挥更大的作用"。

三、习近平同志亲自推动总结"义乌发展经验"

2005 年 10 月 22 日,习近平同志在致第十一届中国义乌国际小商品博览会的贺信中指出,近年来义乌"实现了经济社会跨越式发展,创造了令人惊奇的'义乌经验'"。12 月 3 日,他在《构建义乌模式体制基础的有益探索》一文上批示,要求深入研究义乌现象,在全省因地制宜地推广义乌经验。

2006 年 4 月 30 日,浙江省委、省政府下发《关于学习推广义乌发展经验的通知》,并专门转发调研组《全面建设小康社会的成功典范——关于义乌发展经验的调查报告》,总结了"义乌发展经验"的六个方面内容,分别是坚持兴商建市、促进产业联动、注重城乡统筹、推进和谐发展、丰厚文化底蕴、力求党政有为。

2006 年 7 月 3 日,习近平同志会见由《人民日报》、新华社等组成的中央新闻单位义乌采访团时,表示"义乌是我省改革开放以来发展起来的一个经济强县(市),也是我省经济社会发展的一个缩影,义乌的发展经验既有独特之处,也具有普遍意义"。他在接受《光明日报》记者访谈时指出:"缺乏自然资源,缺乏工业基础,缺乏外资推动,缺乏优惠政策的义乌,看似'莫名'起来,其实是有'其妙'的!"

在习近平同志的高度重视和直接推动下,总结和学习推广义乌发展经验,作为浙江省委、省政府作出的重大决策,对推动全省全面建设小康社会产生了积极深远的影响。

案例来源:吴小锋.习近平同志与"义乌发展经验"的总结推广[EB/OL]. (2022-10-27)[2022-11-13]. http://swdsyjs. jinhua. gov. cn/art/2022/10/27/art_1229393525_30776. html.

案例简析 >>>

习近平同志在浙江工作期间,亲自指导并总结推广的"义乌发展经验"蕴含着丰富的内涵。义乌发展其妙之处主要可从如下三点得到揭示:第一,始终坚持辩证思维,跳出义乌发展义乌,避开劣势,发挥优势。在缺少资源的条件下,义乌大力发展分销市场,搭建覆盖全国乃至全球的蛛网式市场平台,打造全国重要的进出口商品集散地。第二,始终坚持战略思维,抢抓我国加入 WTO 的机遇,走国际化发展道路,在融入、借势、服务国家开放战略中实现更高水平的开放式发展。第三,始终坚持创新思维,不断通过制度型开放,扭转低成本、低价格、粗放发展、以量取胜的对外贸易扩张模式,通过落地建设国际贸易综合改革试验区、综合保税区、自贸试验区等多个国家重大开放平台,激发广大市场主体活力,释放群众首创精神。

第二节　纠偏进口认知

在发展阶段、贸易思想认知、一般贸易模式、贸易主体等多重因素影响下,改革开放后至 21 世纪初期,浙江对外贸易存在较为严重的进出口结构失衡状况。在 2001 年我国加入 WTO 的背景下,时任浙江省委书记习近平指出:"要充分发挥进口在补充资源供给不足、推动技术进步和产业升级等方面的作用,利用我省外汇储备充裕的条件,抓住明年我国降低进口关税的有利时机,大力组织急需的能源、原材料和关键设备进口。"①此后,浙江进口贸易进入了一个快速增长的时期。

一、浙江对外贸易中的"出多进少"

改革开放以来,浙江经济快速发展,区域生产总值、出口贸易、进口贸易都呈上升趋势。但是总的来看,浙江的进口贸易仍相对薄弱。与出口相比较,进口的发展速度相对滞后,导致贸易顺差不断扩大,区域经济的外部不平衡性加剧。与沿海发达省份相比较,进口规模明显偏小。一组数据显示,2001 年,浙江进口额仅约为广东的 1/8、江苏的 1/2、上海的 1/3。② 浙江进出口贸易结构失衡由此可见一斑。

浙江进口贸易相对落后与长期以来的贸易认知、浙江特色贸易模式、企业家特质等有关,主要如下。

(一)"重出轻进"的传统贸易政策导向

传统的重商主义理论认为,只有出口大于进口,才能导致财富增加、经济增长。贸易保护主义也强调促进出口、限制进口对于一国产业建设和发展的战略意义。若单纯从国民经济统计的角度看,进口亦往往被简单地视为需求的流出和漏损,因而构成 GDP 的一项扣减因素。长期以来,出口创汇、奖出限入的贸易政策,使

---

① 习近平.之江新语[M].杭州:浙江人民出版社,2007:126.
② 数据来源:2002 年中国统计年鉴。

得地方政府和企业普遍存在有意无意的重出口、轻进口的指导思想，这是导致浙江进口相对落后的重要原因。

（二）利用外资水平较低

外资企业由于天然地与国际市场具有更紧密的联系，因此往往存在更强的进口意愿和进口能力。同时，外资企业在投资总额内进口设备，大多亦能享受免征进口关税及进口环节增值税的有利条件，使其扩大进口更具优势。浙江利用外资水平虽然在全国处于领先地位，但与沿海发达省份比却相对较低。据统计，2006年，浙江实际利用外资 88.9 亿美元，仅为江苏的 1/2、广东的 3/5。[①]由于引进外资规模与进口规模存在紧密的促进关系，因此浙江进口贸易相对落后。

（三）外贸市场主体格局以中小企业为主

广大中小型民营企业正日益成为浙江外贸队伍的主体。21 世纪初，浙江平均每家企业的进出口额仅为数百万美元。较小的企业规模，往往意味着较高的经营成本、较低的融资能力和较大的经营风险，而进口相比较出口，往往对企业的实力、资金、管理等诸多因素有更高的要求。因此，在缺乏外部支持的条件下，进口的启动和发展自然比较困难。

（四）内源主导型开放模式

浙江开放进程的典型特征是内源主导型开放。所谓内源主导型开放，是指推动经济体由封闭向开放转型的主导力量是该经济体内部的各种经济主体，是其自身不断成长壮大进程中自发要求而推动的在市场、生产过程、要素等各个层次的开放转型。内源主

---

① 吴培力.浙江进口贸易亟待提速[J].浙江经济,2007(16):40-42.

导型的开放路径一般是顺比较优势的,即首先是市场范围的扩大,逐步突破区域界限走向开放。内源主导型开放模式的一个表现就是加工贸易不发达。一般贸易发达、加工贸易落后是浙江外贸的另一个鲜明特点。由于加工贸易基本上是依托国外原辅材料实现"大进大出",往往表现为庞大的进出口量和较小的贸易顺差。例如,到 21 世纪初期,广东、江苏加工贸易占出口的比重接近 70%,其加工贸易进口量也占到进口总额的 60% 左右,而浙江加工贸易进口量仅占进口总额的 1/4,差距显而易见。

二、纠偏进口认知与重视进口的作用

(一)加入 WTO 带来进口扩大机遇

加入 WTO,打开了中国经济与世界经济融合发展的窗口。浙江作为沿海发达省份之一,顺应国家发展大局,不仅在"国家和世界经济组织"的框架之中实现社会与经济的持续高效发展,而且在"地方和世界贸易组织"的框架之下也保持与世界贸易组织的紧密联系,立足实际情况,在符合世界贸易组织的相关规则下,寻求有利于本地区发展的内外条件。浙江省政府出台并逐渐完善和世界贸易组织规则相适应的贸易政策体系以及相关法律法规,取消一些关税壁垒,按照在加入 WTO 之前的承诺,一步步开放各个行业和部门,一系列和世界贸易组织规则不符合的行政审批事项逐步被取消。

(二)重视进口的作用

2003 年,时任浙江省委书记习近平在浙江省委十一届四次全体(扩大)会议上依据当时的国家发展情况和浙江省发展实际,对于如何抓住 21 世纪的前 20 年这个战略机遇时期,提出面向未来发展方向的八个举措,即进一步发挥八个方面的优势、推进八个方面的举措,称为"八八战略"。"八八战略"的第二项就事关长三角合作,即"进一步发挥浙江的区位优势,主动接轨上海、积极参与长江三角洲地区合作与交流,不断提高对内对外开放水平"①。

2004 年 4 月,在全省对外开放工作会议召开后一个月,浙江省委、省政府出台《关于进一步扩大开放的若干意见》,提出要实现从"外贸大省"向"开放大省"的跨越,明确指出在扩大出口的同时,加大进口的力度。

改革开放以来,从进出口贸易发展水平来看,浙江长期比较重视出口的作用,对进口的重视程度相对不足。事实上,进口在经济发展中具有特殊重要的作用。通过进口,可以在较短时间内获得经济发展急需而本地目前无法生产的产品和资源。进口优质产品可通过市场竞争对国内企业产生技术倒逼效应。另外,进口高技术中间品,可通过产业链上下游,产生外溢效应和学习效应。企业通过进口整合世界资源、提升国际竞争力,这些特殊作用是出口以及其他政策所不能替代的。

(三)进口贸易快速发展

在加入 WTO 的机遇以及浙江省进口政策环境的优化导引下,浙江开始逐渐转变"重出口、轻进口"的传统贸易理念,扭转外贸即出口的片面认识,率先树立起了依托进口补充资源、推动技术进步、进口和出口平衡发展的超前意识,恰当地处理好了进口和出口之间的关系,协调统筹进出口发展的全局,为区域进口和出口贸

---

① 习近平.干在实处　走在前列——推进浙江新发展的思考与实践[M].北京:中共中央党校出版社,2006:71.

易协调发展的局面打下了基础。

2000 年至 2008 年国际金融危机爆发前的这一时期，是浙江进口贸易跨越式快速发展的一个时期。2007 年，浙江全省进口贸易总额达 3691 亿元，相比 2001 年的 813 亿元，增长 3.5 倍，年均增长率达 28.5％，与同阶段出口增长率的差距明显缩小，进出口不平衡局面得到初步改善（见图 2-2）。

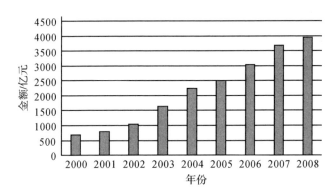

图 2-2　21 世纪初期浙江进口贸易快速增长趋势[①]

在进口规模扩张之外，进口结构也在持续优化。在浙江省进口总值中，一直占据较大比重的是机电产品，2002—2008 年分别占比 40.36％、40.27％、37.03％、30.13％、32.35％、34.93％ 和 31.42％，其次是高新技术产品。[②] 这说明浙江进口的产品以高附加值、处于生产价值链上游的制成品为主。

三、进口效应

扩大进口对浙江经济增长、技术进步、产业升级产生了巨大的推动作用。

---

① 数据来源：2009 年浙江统计年鉴。

② 数据来源：2009 年浙江统计年鉴。

(一)从供给侧看,有利于增加要素供给,突破发展制约

要素供给是经济社会发展的基本前提,舍此发展即成为无本之木、无源之水。但是,在现实中,一个国家、一个地区的要素资源又总是有限的。这种有限性不仅表现为总量的稀缺性,也表现为结构上的不匹配性,因此,寻求外部资源自然成为突破发展制约的一种必然选择。特别是随着经济全球化的日益深化,各类经济体主动参与国际分工、有效利用外部资源的便利性在不断增加,从而为促进发展提供了更大的可能。从要素禀赋来看,浙江缺少煤炭、石油、天然气,上游资源贫瘠,多数要素比较贫乏,进口在扩大供给、突破制约方面可发挥的作用更不容忽视。事实上,考察浙江现有的产业分布,企业对于塑料、纸浆、矿产资源、化工原料等均有旺盛的需求,其中很大一部分就需要通过进口来予以满足。因此,采取扩大进口的措施,扩大资源的外部供给,能有效突破浙江本身资源不足带来的要素制约。

(二)从消费侧看,有利于促进消费多元化需求,增进社会福利

经济社会发展的根本目标在于不断提高人们的物质文化生活水平,从而促进全社会福利水平的持续提升,促进人的全面发展。随着进口的扩大,必然引进更多的优质消费品,有力拓展浙江消费者的商品选择空间,促进消费多元化。同时,大量的进口替代品也有利于降低进口方的市场垄断程度,原有垄断厂商面临的需求曲线将更富弹性,其生产均衡点(边际利润等于边际成本)对应的价格降低,浙江消费者的福利水平则随之提升。

统计数据显示,1998—2002 年浙江省社会消费品零售总额增长率变化平稳,在 2003 年之后显著上升,随后一个时期呈快速上升趋势,进口商品规模扩大以及由此导致的消费竞争、消费扩张效应显著(见图2-3)。

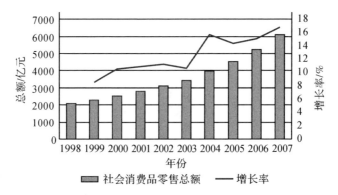

图 2-3　1998—2007 年浙江省社会消费品零售总额与增长率①

(三)从贸易平衡看,有利于促进进出口平衡,改善国际贸易环境

进口和出口是对外贸易的两个侧面,两者之间有着紧密的联系。以进口软硬技术来提升出口能力,以进促出,是诸多开放型经济体曾经走过的道路。以进口原料部件实现返销出口,以进养出,则是当今中国对外贸易中的重要形式——加工贸易。进出口平衡发展,作为经济内外均衡的重要组成部分,更是宏观调控的重要目标之一。同时,在国际贸易的现实环境中,进出口长期严重失衡,特别是进口远远小于出口,往往容易激起贸易伙伴的保护和限制措施,从长远看,也不利于扩大出口、发展经济。从数据上来看,2002—2007 年,浙江省共有 4000 余家企业遭遇国外提起的反倾销案件 159 起,直接涉案金额近 23 亿美元,反倾销总涉案数和涉案总金额均占全国的四成以上。②

①　数据来源:2008 年浙江统计年鉴。

②　费常泰.浙江 4000 余家企业 5 年间遭遇 159 起反倾销案[EB/OL].(2009-01-17)
[2023-10-16]. https://news.ifeng.com/c/7fYTSlaQvzZ.

（四）从技术进步与产业升级看，有利于促进溢出效应及竞争效应，提高发展的效率和竞争力

扩大进口有利于利用知识和技术溢出效应，提高发展的效率和竞争力。新增长理论认为技术进步是经济增长的核心动力，而进口贸易可作为主要因素和渠道之一来解释技术进步，国外的研发活动可以通过货物贸易这种物化型技术溢出渠道，间接地对进口方的技术进步产生促进作用。这意味着，在开放型经济中，一国可以通过进口贸易购买机器、设备等国外的最终制成品，也可以通过进口国外的先进中间产品来提高本国最终产品生产的技术含量。因此，进口贸易是一种非常有效的技术外溢渠道，只要措施得当，进口方往往能分享到贸易伙伴国研发投入的成果，进而促进全要素生产率的提高，从而提高发展的效率和竞争力。

◆◆◆【案例 2-2】

义乌"精准培育"进口贸易

义乌以其小商品出口闻名世界，但是义乌海关的一组数据令人震惊。2019 年上半年义乌外贸进出口总值 1331.7 亿元，比 2018 年同期增长 7.4%，进出口总额在浙江省位列第一。其中，出口额 1291.1 亿元，增长 5.3%，占全省总出口额的 12.3%；进口额 40.6 亿元，同比增长 200.1%。进口的增长幅度远远大于出口的增长幅度。

是什么造就了义乌如此的发展呢？义乌充分利用其自身发达的市场采购贸易体系以及贯通全球的供应链网络，以进口贸易作为其推动市场转型的重大战略产业，创新培育进口贸易主体，构建

起了自己的进口商品营销网络,提升进口市场品牌形象,着力于成为全球日用消费品进入中国的"超级码头"。

"精准培育"进口贸易市场拉开帷幕

2011 年,义乌的出口增长幅度高达 37.8%,比进口增长幅度高 12.4%。从进口所占出口的比重来看,表现出进口严重滞后于出口的现象,义乌的进口额在当时全省县市区中处于中下水平。2011 年 3 月,国务院批复了《浙江省义乌市国际贸易综合改革试点总体方案》,在此方案中提出了义乌加快探索进口贸易发展的要求。至此,义乌"精准培育"进口贸易市场拉开帷幕。

在之后的几年里,发展以及培育进口贸易市场成了义乌的主要目标和方向,进口贸易也逐渐有了起色。

2017 年,义乌进口贸易发展力度再一次加大。4 月 5 日,义乌市政府发布了《促进进口贸易发展十项举措》,这十项具体举措包括:培育壮大进口主体,支持营销平台建设,完善进口公共服务,拓宽企业融资渠道,优化海关通关服务,提升检验检疫效率,支持发展跨境电商进口,鼓励引进国外品牌,支持企业参加进口展,支持营造进口发展环境。其中的每一项举措都有一个或者多个责任单位。在这一年里,义乌的进口额增长了 25.3%,成效初显。

从"孤军奋战"到"抱团发展"

义乌市维拉纳酒业有限公司(以下简称"维拉纳")董事长何海瑞之前在海外经商,多年前来到义乌发展进口贸易。自 2011 年以来,维拉纳每年的进口贸易额都以 20%~30% 的速度增长。2019 年 3—4 月,维拉纳从塞尔维亚、黑山等国进口了十多个集装箱 10 万余瓶葡萄酒。何海瑞说,义乌通商便利的好政策、便捷高效的物流体系、小商品城广阔的分销渠道,促使他下定决心利用自己在塞尔维亚、黑山等国多年建立起来的进货渠道,把巴尔干这一区域所特有的葡萄酒通过义乌向全国市场推广。

在经历了前期"小、散、乱"的野蛮生长之后,义乌的进口商户逐渐有意识地开始从"孤军奋战"转向"抱团发展"。作为义乌市进口商会一员的何海瑞提到,成立于 2017 年 12 月的义乌市进口商会在全国具有开创意义,这也对义乌从"卖全球"向"买全球"转变起到了重要的助推作用。180 多家会员踊跃引进货源,提升物流服务,拓宽全国的销售渠道。

此外,为了树立义乌的进口企业形象,提高进口贸易在全国的知名度与影响力,义乌市进口商会成立了进口商品正品联盟,56 家联盟单位承诺诚信经营、正品保证、假一赔十。

搭配二三线日用消费品进口平台

一些境外中小企业生产的二三线品牌消费品并不缺乏工匠精神,产品质量有保证,价格也合适,唯一缺乏的就是像一线品牌那般进入中国市场的渠道。义乌市进口商会会长黄媛丽提到,境外中小企业可以通过入驻或招募代理商等方式来义乌发展其进口业务,作为高质量平台,义乌会帮助它们把商品销往世界各地。

义乌跨境电商从 2019 年 1 月跨境电子商务综合试验区落地以来飞速发展,2019 年上半年进口总额达 3.1 亿元,同比增长913.1 倍。面对这个令人欣喜的数据,作为跨境电子商务领域佼佼者的任一鸣颇为激动:"这主要得益于义乌市的进口贸易新红利,义乌市国际贸易综合改革试验区获批、中国(义乌)跨境电子商务综合试验区设立以及义乌跨境电商保税进口(1210)业务落地等都促成了进口贸易的突破式发展。"

任一鸣是义乌市懿达供应链管理有限公司(以下简称"懿达")副总经理。懿达是网易考拉的合作商,2019 年 7 月,懿达每天都要向全国各地发货四五千个包裹,2019 年上半年增幅为 20% ~ 30%,其货品主要是产自欧美、日韩的日用品。任一鸣对于这个数据的解释是,境外中小型企业生产的产品一般都属于二三线品牌消费品,多年来一直受供货渠道、代理商等诸多因素的影响,这些产品始终没有办法大规模进入境内大市场。当已经以出口闻名的义乌开始大力发展进口贸易时,就为这些境外的中小企业打开了一扇进入境内市场的"窗户"。

2019 年 5 月举办的中国义乌进口商品博览会,吸引了来自西班牙、俄罗斯、意大利、韩国、日本、印度、澳大利亚等 85 个国家和地区的参展商,集中展示了日用家居、母婴保健、工艺礼品、食品饮料、服装配置等境外十几万种日用消费品。法国的马卡龙和红酒、日本的日用品、保加利亚的玫瑰精油皂、澳大利亚的牛肉、西班牙的火腿、韩国的美妆等高品质境外商品琳琅满目。义乌市还持续举办"进口商品购物节",提高周边城市和消费者对义乌进口商品的知晓度以及对商品的认可度。

义乌市中国小商品城展览有限公司总经理金亚非表示,经过多年的培育发展,中国义乌进口商品博览会已经成为以进口二三线日用消费品为主的综合展贸平台,为境外中小型企业生产的产品进入境内市场提供了良好的贸易机会。

依托"一带一路"打造"世界集市"

近年来,义乌着力推进"义新欧"和"义甬舟"开放大通道建设,逐步成为中国商品走向世界以及世界商品进入中国的一个重要平台。义乌市金迅供应链服务有限公司(以下简称"金迅")业务主管金苏元提到,近年来,金迅和义乌其他主营进口贸易业务的企业一样,展现出快速发展的趋势,2018年进口了800余个集装箱的日用消费品,2019年进口总量增加了一倍。

2014年11月18日,从义乌始发开往西班牙马德里的"义新欧"中欧班列,是目前世界上线路最长、途经国家数量最多的一个国际班列。目前,此条线路已经开通至中亚各国以及西班牙、伊朗、阿富汗、俄罗斯、白俄罗斯、捷克、英国、波兰等国家的国际班列。从"义新欧"开通之后,马德里、华沙、杜伊斯堡、巴黎、柏林等这些"一带一路"沿线城市时常会出现在义乌发展对外贸易的行列之中。

2019年上半年,义乌从共建"一带一路"国家进口8.5亿元,同比增长155.3%,这表明,共建"一带一路"国家的贸易合作潜力巨大,正逐渐释放其动力,带动义乌发展外贸。现在,在义乌中国进口商品城,有德国、西班牙、南非、肯尼亚、韩国等十几个国家馆,100余个国家的9万余种优质进口商品正通过义乌这个进口贸易平台销往中国以及世界各地。

2020年11月4日,义乌入选进口贸易促进创新示范区,这更彰显了义乌将进一步推进进口贸易发展。

案例来源:金晓.进口额同比增长200% 义乌"精准培育"进口贸易[N].金华日报,2019-7-29(6).

案例简析 >>>

进口是一国对外贸易发展的重要组成部分,当一个国家的经济从追求数量转变到追求高质量发展的道路时,居民消费的升级,必然带来消费结构的变化。浙江的对外贸易正在从过去的重视出口转变为出口、进口并重的贸易模式。从"卖全球"到"买全球",从追求廉价到追求创新,义乌市场演绎的"全球范",正是浙江经济转型的一个缩影。浙江省政府一直加大进口贸易的培育力度,积极促进境外消费回流。义乌借力"一带一路"倡议,利用遍布全国的内贸营销网络和物流网络优势,将发展进口贸易作为推进市场转型的重大战略产业和新的经济增长点,着力把义乌打造成出口和进口商品双向流动的真正的"世界集市"。

义乌是"世界小商品之都",与全球 219 个国家和地区都有贸易往来,具备发展进口贸易的坚实基础和独特优势。在义乌市政府看来,发展进口,是消费升级的新趋势,是扩大贸易的新蓝海,是供给侧结构性改革的新要求。近年来,义乌着力推进"义新欧"和"义甬舟"开放大通道建设,使其成为中国商品走向世界和世界商品进入中国的重要平台。义乌有着出口贸易的成熟经验,可以借助出口模式发展进口贸易,促进义乌贸易市场的调整与升级。义乌精准的扶持政策、完善的贸易基础、发达的物流产业,使其在发展进口产业方面具有得天独厚的优势。特别是义乌充分利用发达的市场采购贸易体系和通汇全球的供应链网络,大力发展进口贸易和跨境电子商务,牢牢抓住培育进口贸易主体、构建进口商品营销网络的机遇,在推动贸易畅通方面作出积极的"义乌贡献"。事实上,如今通过"义新欧"中欧班列,沿线各国越来越多的产品输送到国内,使得国人的生活进一步迈向"全球化"。义乌中国进口商品城的生意也随之"提了速"。目前,义乌中国进口商品城规模已达到 10 万平方米,汇聚了 100 多个国家和地区的 9 万余种商品,成为境内规模领先的"一站式"进口商品采购基地。

第三节 提高国际贸易竞争力

一、浙江出口贸易结构水平:相似度指数测算

改革开放之初,受制于发展阶段、技术水平等历史因素,浙江出口贸易以初级产品为主,占出口贸易总额的比例约为 75%。随着工业化的快速进展,工业制成品出口比重持续上升,到 1984 年工业制成品出口比例首次超过 50%。[①] 但是从工业制成品内部产品种类结构上看,劳动密集型工业制成品持续占据较大比例,是浙江主要的出口商品。

从历史数据来看(见图 2-4),2003 年,浙江主要出口商品中,纺织、服装、鞋帽等制品占比高达 41%,农副产品占比为 10%,机电产品仅占 34%,而高新技术产品仅占 5%,且增长缓慢。纺织、服装、鞋帽等劳动密集型商品作为传统优势产品,在浙江出口贸易结构中始终处于主导地位,并产生强烈的路径依赖。在中国沿海省份中,浙江的纺织服装等传统产业,无论是绝对规模还是相对比重,都是最大的,长期缺乏转折性变化。

相对传统且变化缓慢的浙江出口商品结构,一方面反映了本地的比较优势,另一方面也可能因路径依赖,导致出口收益走低与价值链锁定,对出口竞争力提升具有负面效应。对此,可用出口相似度指数,对浙江出口商品结构的国际水平进行量化观察。

出口相似度指数反映了两国(地区)出口商品的重叠程度。一

---

① 严炜尔.浙江省出口产品结构优化存在的问题及建议[J].经济师,2012(9):198-206.

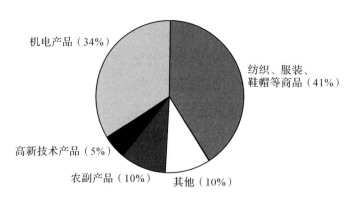

图 2-4 2003 年浙江出口商品结构[①]

般而言,发达国家(地区)在技术、人力资本等方面具有比较优势,其产品附加值也相对较高。根据贸易理论,如果两国(地区)的技术、人力资本等要素禀赋相似,则其专业化分工模式和出口产品结构就会相近,因此当一个国家(地区)与另一个技术相对先进的发达国家(地区)出口相似度较高时,即意味着该国(地区)的出口贸易质量较高。我们根据丁小义等[②]、唐海燕和张会清[③]的测算方法,计算出口相似度指数(ESI),以刻画贸易结构与竞争力水平,计算公式如下:

$$\text{ESI} = \sum_{j \in J} \min(x_{ijt}, x_{rjt})$$

其中,x_{ijt} 为 i 国(地区)j 类商品在 t 期占该国(地区)总出口的比重;x_{rjt} 为参照国(地区)r 国(地区)j 类商品在 t 期占该国(地区)总出口的比重;J 为商品集合。ESI 能充分反映两国(地区)出口商品构成的差异,以浙江为例,其值越高,说明浙江与发达国家(地区)的出口结构越接近,就意味着出口贸易质量越高。

---

① 数据来源:2004 年浙江统计年鉴。

② 丁小义,郑梦露,张梅.浙江出口商品质量的测度及比较分析[J].华东经济管理,2015(2):21-27.

③ 唐海燕,张会清.产品内国际分工与发展中国家的价值链提升[J].经济研究,2009(9):81-93.

　　表 2-1 首先测算了浙江与各主要经济体的出口相似度指数,再统一以美国为参照国,分别计算各主要经济体与美国的出口相似度指数。结果显示,2002 年,浙江出口相似度指数不仅远低于发达国家,而且低于一些发展中国家,且低于全国平均水平。浙江出口相似度指数较低,说明浙江与发达国家出口结构差异比较大,某种程度上可以认为,浙江与这些国家的贸易关系倾向于为互补而非替代,具有一定的比较优势,有利于浙江出口贸易的发展;但从另一个角度来说,意味着浙江出口贸易结构不够优化,技术水平还比较低。

表 2-1　2002 年浙江对外贸易出口相似度指数

浙江与部分发达国家的出口相似度指数						
年份	美国	英国	德国	法国	意大利	日本	新加坡
2002	0.196	0.198	0.217	0.216	0.295	0.163	0.147

浙江与部分发展中国家的出口相似度指数						
年份	墨西哥	俄罗斯	巴西	印度	南非	泰国	中国
2002	0.211	0.050	0.136	0.227	0.123	0.216	0.496

部分发达国家与美国的出口相似度指数						
年份	美国	英国	德国	法国	意大利	日本	新加坡
2002	1.000	0.537	0.562	0.555	0.432	0.485	0.376

部分发展中国家与美国的出口相似度指数						
年份	墨西哥	俄罗斯	巴西	印度	南非	泰国	中国
2002	0.396	0.158	0.279	0.227	0.269	0.323	0.318

资料来源:丁小义,郑梦露,张梅.浙江出口商品质量的测度及比较分析[J].华东经济管理,2015(2):21-27.

二、强化实施对外贸易战略,提升国际贸易竞争力

　　针对出口贸易结构传统、固化与相对单调等问题,浙江坚持实施"以质取胜""科技兴贸"战略,采取"四化"(出口主体多元化、出

口市场多元化、出口商品多元化、出口服务多元化)等一系列具体举措,促进区域商品结构优化升级。随着我国加入WTO,对外开放形势发生了新的重大变化,为浙江商品贸易扩大市场、提高贸易竞争力提供了新的机遇。基于充分的调研谋划,2004年3月,浙江高规格召开全省对外开放工作会议,研究关于进一步扩大开放的战略方略,建立全方位、多层次、宽领域、高水平的开放新格局。当年,浙江省委、省政府出台了《关于进一步扩大开放的若干意见》,提出要努力实现从"外贸大省"向"开放大省"的跨越,积极调整结构,抢占市场,扩大出口,增强国际竞争力,并推出一系列开放举措。

(一)大力调整出口产品结构

坚持以适销对路、适应多层次需求为方向,在继续保持纺织服装、轻工工艺等传统产品出口稳步增长的同时,大力调整出口产品结构。不断扩大机电产品和名牌产品的出口数量,争取一批著名、驰名商标和名牌出口产品列入国家重点扶持产品行列。着力提高高新技术、高附加值产品的出口比重。采取有效措施发展加工贸易,积极争取新建一批出口加工区,促进加工贸易转型升级,提高加工贸易比重。努力扩大农产品、服务贸易出口。

(二)不断开拓对外贸易市场

深入研究现有出口市场战略,积极开拓新的对外贸易市场,实施出口市场多元化。继续巩固美国、欧洲、日本等发达国家和地区市场,加大市场横向发展和深度开发的力度;抓住《关于建立更紧密经贸关系的安排》(CEPA)实施的机遇,加强内地与香港、澳门的交流与合作;大力拓展东欧、中东和东盟自由贸易区市场,扩大市场份额;积极开辟印度、非洲、南美等新市场,抢占新的市场空间。

（三）积极培育有效出口主体

积极支持有条件的企业引进培养外贸专业人才，开展自营出口业务。已获得自营进出口权的企业，要加强人才引进，加快市场开拓，扩大出口业务，提高自营出口比重。积极鼓励外贸公司为中小企业代理出口，提供技术和贸易支撑。发挥块状经济优势，鼓励国际采购商在块状经济地区设立贸易机构。积极组织以国际采购为主题的贸易洽谈会和商品博览会，把浙江的优质产品推向国际市场。各级财政、国税等部门要认真做好出口退税工作，继续支持企业扩大出口。各级政府要根据国家出口退税政策的变化，进一步完善出口扶持政策，加大出口支持力度；培育一批对外竞争力强、出口规模大的有效主体，构建以企业自营进出口为主体、专业公司代理为补充的对外贸易格局。

（四）加快建设公平贸易体系

建立健全"浙江省对外贸易预警机制""浙江省产业损害预警机制""浙江省反技术壁垒工作机制"，加强对浙江省大宗、重点产品进出口情况监控，认真做好趋势分析，及时发布预警信息。高度重视知识产权问题，加大知识产权保护力度。根据世界贸易组织规则，切实做好国外对浙江出口产品实施反倾销、反补贴和保障措施的应诉工作。加强政府、企业、行业协会及中介机构的分工协作，形成快速反应的贸易应对机制，提高浙江经济抗御国际市场风险的能力。

三、向全球价值链高端位置迭代

在从"外贸大省"向"开放大省"跨越的战略指引下，广大浙江贸易市场主体，充分利用促进出口贸易结构优化和能级提升的政策举措，抓住了加入 WTO 的战略机遇，出口主体多元化、出口市场多元化、出口商品多元化、出口服务多元化等方面显著提升，出口贸易结构升级态势明显加快。根据 2002 年和 2012 年浙江与部分发达国家出口相似度指数的变化趋势，可以看出浙江与这些发达国家的出口相似度指数总体呈上升态势（见表 2-2），尤其在 2002 年至 2008 年国际金融危机爆发前的这一时期，浙江出口贸易结构升级态势增速较快，贸易质量有所提升。2007 年后则因外需恶化，浙江出口贸易进入平稳增长期。从数据来看，截至 2012 年，与美国出口贸易结构相比，浙江出口相似度指数由 2002 年的 0.196 提高到 2012 年 0.257，上升 31.1%。数据上升的背后，意味着浙江出口贸易产品向加工程度深、附加值高的产品转变，贸易的质量与效益逐步上升，全球价值链地位优化，浙江出口贸易产品逐步迈向高端化。图 2-5 为 2002—2012 年浙江与部分发达国家的出口相似度指数变化趋势。

表 2-2　2002 年和 2012 年浙江对外贸易出口相似度指数

浙江与部分发达国家的出口相似度指数						
年份	美国	英国	德国	法国	意大利	日本	新加坡
2002	0.196	0.198	0.217	0.216	0.295	0.163	0.147
2012	0.257	0.228	0.295	0.262	0.346	0.259	0.162

浙江与部分发展中国家的出口相似度指数						
年份	墨西哥	俄罗斯	巴西	印度	南非	泰国	中国
2002	0.211	0.050	0.136	0.227	0.123	0.216	0.496
2012	0.232	0.063	0.132	0.214	0.115	0.226	0.532

部分发达国家与美国的出口相似度指数						
年份	美国	英国	德国	法国	意大利	日本	新加坡
2002	1.000	0.537	0.562	0.555	0.432	0.485	0.376
2012	1.000	0.540	0.560	0.508	0.480	0.442	0.421

部分发展中国家与美国的出口相似度指数

年份	墨西哥	俄罗斯	巴西	印度	南非	泰国	中国
2002	0.396	0.158	0.279	0.227	0.269	0.323	0.318
2012	0.407	0.211	0.275	0.328	0.270	0.403	0.369

资料来源:丁小义,郑梦露,张梅.浙江出口商品质量的测度及比较分析[J].华东经济管理,2015(2):21-27.

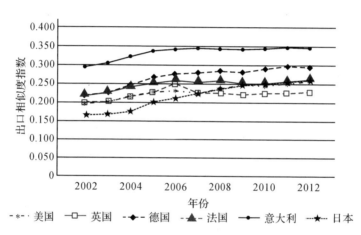

图 2-5 2002—2012 年浙江与部分发达国家的出口相似度指数变化趋势①

◆◆【案例 2-3】

雅戈尔品牌国际化

雅戈尔集团创建于 1979 年,经过多年的发展,逐步确立了以品牌服装为主业,涉足地产开发、金融投资领域,多元并进、专业化发展的经营格局,成为拥有员工 5 万余人的大型集团公司。2020年,在全国工商联发布的中国民营企业 500 强榜单中,雅戈尔集团

---

① 资料来源:丁小义,郑梦露,张梅.浙江出口商品质量的测度及比较分析[J].华东经济管理,2015(2):21-27.

排名第 47 位。雅戈尔集团的战略目标是"创国际品牌,建百年企业",即收购国际服装品牌,获得目标企业的国际营销渠道、设计团队和品牌资源,以实现其品牌国际化的战略目标。

2004 年以来,雅戈尔集团将品牌服装进一步延伸至棉花种植、纺织等服装上游产业。2006 年,雅戈尔集团不但完成了纺织服装行业整个产业链的建设,搭建了一个巨大的产业平台,而且有了巨大的产能。上游的棉田和纺纱企业能够保证企业优质的原料供应,自有的色织和毛纺企业能够保证成衣公司的设计有自如的原料选择,而下游的营销渠道则保证了销售的畅通。2008 年,雅戈尔集团以 1.2 亿美元的净资产价格收购美国 Kellwood 公司(以下简称 KWD),以 7000 万美元的价格收购 KWD 全资子公司 Kellwood Asia Limited 持有的 Smart 公司 100% 的股权,以 5000 万美元的价格收购 KWD 持有的香港新马服饰公司 100% 的股权。收购后,雅戈尔集团获得了香港新马服饰公司在中国境内及东南亚等地的 14 家生产基地,20 多个知名品牌的 ODM(original design manufacturer,原始设计制造商)加工业务,并拥有了 Nautica、Perry Ellis 等 5 个授权许可品牌和庞大的物流系统。由此,雅戈尔获得了强大的设计开发能力、国际经营管理能力以及遍布美国的分销网络,形成了全球最大的纺织服装产业链之一。

案例来源:郭燕.中国服装品牌国际化模式分析[J].北京服装学院学报(自然科学版),2008(3):18-23.

案例简析 >>>

服装行业面临巨大的竞争压力,在一些曾经知名的服装企业面临生存困境的情况下,雅戈尔仍能在中国民营企业 500 强榜单中位列第 47 名,其背后的原因离不开"创新"二字。2020 年 3 月,雅戈尔与中国联通签约,启动了宁波首个"5G＋工业互联网"试点项目。建成后,雅戈尔将实现宁波总部、吉林珲春及云南瑞丽三大制造基地数据的实时共享,生产效率有望进一步提升20％。

此外,雅戈尔集团的发展经历中,值得一提的是其品牌国际化战略,主要特征如下。

1. 以雄厚的资金实力为基础,实现产业链延伸

品牌服装是雅戈尔集团的基础产业,除此之外,雅戈尔还涉足房地产、股权投资等领域。雅戈尔集团于1992年开始涉足房地产行业,并于1993年开始介入股权投资领域。2006年,随着股权分置改革工作的基本完成,公司持有的中信证券等股权投资价值逐步体现,公司净资产水平得以显著提高,股权投资获得巨大的增值空间,取得了良好的投资收益。经过多年的发展和资本运营,雅戈尔集团已经积累了充裕的资金以支撑服装业的发展与扩张,有资金实力进行收购。

2. 取长补短,优势互补

雅戈尔集团与KWD旗下的香港新马服饰公司和Smart公司都以男装业务为主,业务的相似性有利于其内部整合,实现协同效应。

在境内市场,雅戈尔集团拥有强大的西服、衬衫及成衣生产加工能力,已完成产业链体系建设,在境外市场,雅戈尔集团仍以贴牌出口为主,尚未建立起自主品牌的销售渠道。香港新马服饰公司的设计能力和境外市场销售渠道,可以弥补雅戈尔集团品牌国际化中的设计与营销渠道方面的弱势,形成优势互补。

雅戈尔的经验,也值得其他传统行业企业学习和借鉴。企业要紧跟时代潮流,用新兴产业、新兴技术、新兴手段提升传统产业的档次与水平,保持企业的生命力,防止掉队甚至淘汰,并且也要基于企业现实情况进行探索,走出一条特色的国际化道路。

◆◆ 本章小结

义乌小商品贸易的发展演变,为观察浙江对外贸易的发展提供了一个生动的历史"窗口"。义乌市场由出口为主向进出口结合,由线下贸易为主向线上线下贸易融合,由面向国内大市场为主向国内国际两个市场联通,由低质量产品为主向高质量产品为主的多层次、现代化转变,实际上也是全国进出口贸易结构升级、贸易方式变革、贸易质量迭代的一个缩影。

◆◆ 思考题

1.浙江对外贸易发展历程中,义乌小商品贸易演变提供了一个生动的历史"窗口",义乌发展经验之妙在何处? 如何结合本地实际,创造性地发展开放型经济?

2.数字经济条件下,义乌的发展面临哪些挑战?

3.请谈一谈进口的多重效应,进口与出口如何形成协同和相互增进的可持续平衡关系?

◆◆ 拓展阅读

1.裴长洪,刘斌.中国开放型经济学:构建阐释中国开放成就的经济理论[J].中国社会科学,2020(2):46-69,205.

2.裴长洪,刘洪愧.习近平新时代对外开放思想的经济学分析[J].经济研究,2018(2):4-19.

3.盛秋平.深化义乌国际贸易综合改革试点 推动更高水平对外开放[J].政策瞭望,2021(4):17-21.

4.王晋,刘春,沐阳.义乌传奇——义乌小商品市场改革发展纪事[N].经济日报,2018-09-17(13).

引进外资,不仅是一个资金问题,更重要的是引进技术、人才和管理,促进产业结构的调整和提升的问题,是一个扩大开放的问题,是一个国际接轨的问题。

——摘自《两条腿走路好》(2003 年 8 月 12 日)①

这几年,我省多次强调要"选商引资",而不是单纯的招商引资,就是为了统筹本土经济和外资经济发展,使之相互补充、相互促进。

——摘自《选商引资要做"合"字文章》(2006 年 6 月 19 日)②

第三章 引进来的新内涵:统筹本土经济与外资经济

◆◆ 本章要点

1. 引进外资对区域经济开放和转型升级具有重要功能。在引进外资的过程中,浙江高度重视本土经济与外部经济融合互补、本土企业与外资企业互惠互利,有力提升了引进外资的水平和质量。

2. 引资与引智并重是习近平同志在浙江工作期间就一以贯之的开放发展理念之一。人才作为支撑发展的第一资源,有力助推了浙江经济创新动能变革与高质量发展。

3. 面对产业升级的需求,企业发展的张力,要素制约和资源环境的压力,必须寻找新的动能,拓展新的空间。引进技术和自主创新是两条技术道路,浙江通过鼓励民营企业与外资企业技术

① 习近平.之江新语[M].杭州:浙江人民出版社,2007:15.
② 习近平.之江新语[M].杭州:浙江人民出版社,2007:210.

合作,走出了一条从引进、消化、吸收到再创新的技术整合创新道路。

改革开放以来,与广东、江苏等沿海省份相比,浙江经济走的是一条以内源驱动型为主的开放发展模式,对外部资金、外部人才、外部技术的吸收和利用相对不足,民营经济与外资经济长期处于一条腿长、一条腿短的不均衡格局。习近平同志自 2002 年到浙江工作伊始,便深刻认识到浙江存在本土经济与外资经济融合程度比较低、本土企业与外资企业尚未形成良好互动的问题。他提出:"我们一定要转变观念,采取有效措施,加大利用外资的力度,提高对外开放的水平。"①此后,浙江高度重视整合配置外资、人才、技术等外部要素,坚持将引进外资、利用外资与促进产业优化升级相结合,加快构建本土经济与外资经济统筹发展的新局面。

第一节 引外资:做"合"字文章促进民资外资双轮驱动

引进外资,补上资本"缺口",是发展中国家加快产业结构转型、区域经济升级的普遍选择。浙江长期以来民营经济发达,民营企业活跃,外资引进吸收能力相对薄弱。针对浙江禀赋优势与企业家条件,习近平同志提出:"这几年,我省多次强调要'选商引资',而不是单纯的招商引资,就是为了统筹本土经济和外资经济发展,使之相互补充、相互促进。"②这一论述具有深刻的历史背景、

---

① 习近平.之江新语[M].杭州:浙江人民出版社,2007:15.
② 习近平.之江新语[M].杭州:浙江人民出版社,2007:210.

学理内涵和未来前瞻,实际上仍对当前促进内外资循环、内外企合作,构建新发展格局具有战略指导意义。

一、宏观组合:补上外资经济"短腿"

开放型经济是一种本土经济与外部经济互联互通、互补互促的高级经济形态,其中引进与整合外资具有关键的枢纽和载体作用。以合理有节奏的方式将外资经济引入本地市场后,通常会产生上下游技术溢出、人才流动、贸易带动、市场扩大等综合的正面效应,促进本土经济质量提升并与国际经济一体化发展。部分学者选用 1992—2006 年浙江进出口贸易和外商直接投资的数据进行研究,发现外商直接投资对浙江进出口贸易总额存在积极的拉动效应,对进出口商品结构升级产生明显影响,并通过提高加工贸易比重改变了浙江的贸易方式与贸易结构,还在一定程度上促进了浙江外贸竞争力的提高。[1]

从历史数据以及横向比较来看,外资经济在浙江开放型经济发展过程中是一个短板。从 1978 年改革开放到 21 世纪初期,浙江对外开放具有显著的内源驱动型开放动力与路径特征。本地民营经济是开放经济的主导结构,民营企业是对外开放的市场主体,一般注重对外贸易市场的开拓,但轻视对国际资本、技术等要素的利用。与沿海发达省份相比,外资引进利用、外资经济发展在浙江开放型经济发展过程中长期处于跛脚状态。对此,习近平同志曾形象地指出"引进外资,我们自己和自己比,已有长足发展,但与广东、江苏、上海等省市相比,还是一条'短腿'"[2]。

---

①　胡求光,黄平川.外商直接投资对浙江省进出口贸易影响的实证分析[J].国际贸易问题,2008(11):104-110.

②　习近平.之江新语[M].杭州:浙江人民出版社,2007:15.

　　针对这一不利局面，习近平同志高度重视浙江的外商引进与外资利用工作，部署实施一系列重大战略与行动，不失时机地推动外资经济跨越式发展。2004 年 4 月，浙江省委、省政府出台《关于进一步扩大开放的若干意见》，提出要实现从"外贸大省"向"开放大省"的跨越，建立全方位、多层次、宽领域、高水平的开放新格局，其中，突出招商引资重点，进一步提高利用外资的质量和水平成为重中之重。如图 3-1 所示，2002—2007 年浙江省外商直接投资（FDI）呈逐年增长的态势。

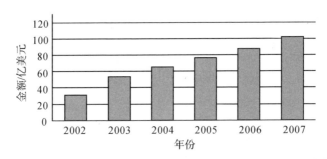

图 3-1　2002—2007 年浙江省外商直接投资（FDI）增长态势①

　　在新的开放理念的指引下，浙江利用外资的规模在不断扩大。在对外开放过程中，要注重技术和人才的引进，科技是第一生产力，人才是第一资源，要充分发挥人才优势，推动产业结构的优化升级。同时，要加大利用外资的力度，不断地扩大对外开放，使本土经济和外资经济形成良好互动发展的新格局。在这一过程中，浙江既要注重资金的引进，更要注重国外先进管理经验的引进，更好地与国际接轨。

　　在战略导向上，浙江坚持将推动本土经济与外资经济互补发展作为引进外资的战略目标。在引进的具体路径上，"重点引进对

---

① 　数据来源：2008 年浙江统计年鉴。

我省产业升级具有重大带动作用的大项目、大企业,不断提高利用外资的质量和水平。同时要加强本土企业和外资企业在技术、资金、人才、信息等方面的联系,鼓励本土企业采取控股、参股等多种形式与境外企业、外资企业进行合资合作,鼓励和支持有条件的本土企业与跨国公司建立战略联盟,鼓励和支持量大面广的中小企业与外资企业建立专业化协作关系,进入国际产业链并努力向产业链高端攀升,使本土经济在与外资企业的合作竞争中实现大发展、大提高"[①]。

◆◆【案例 3-1】

嘉兴、温州等地积极引入世界 500 强企业

嘉兴一年引进 6 家世界 500 强企业

2005 年 3 月,世界 500 强企业——日本伊藤忠丸红铁钢株式会社,在嘉兴经济开发区总投资 1750 万美元、注册资金 700 万美元的嘉兴红忠精工有限公司正式开工投产。世界 500 强企业的"纷至沓来"成了嘉兴经济开发区招商引资的新亮点。据了解,在嘉兴经济开发区 2004 年新批的项目中,1000 万美元以上的大项目有 18 个,合同利用外资 17401 万美元,占新批项目总量的 81.1%,一年内成功引进世界 500 强投资企业 6 家。嘉兴经济开发区在引资过程中,集中力量引进产业关联度大、技术含量高、带动作用强的龙头项目。日本伊藤忠丸红铁钢株式会社是由世界 500 强企业中排名第 18 位的伊藤忠商事和排名第 23 位的丸红商事将各自的

---

① 习近平.干在实处 走在前列——推进浙江新发展的思考与实践[M].北京:中共中央党校出版社,2006:103.

钢铁部门于 2001 年合并而成的一家跨国公司,业务范围遍及世界各地。据了解,在嘉兴经济开发区设立的嘉兴红忠精工有限公司,是日本伊藤忠丸红铁钢株式会社在海外投资的第一家企业,占地 57 亩①,主要生产电磁机芯,为汽车发电机马达及松下电器的各种电器配套。

温州引进国际建材巨头

排名世界第三的国际建材连锁超市巨头百安居登陆温州,为温州建材市场带来欧洲第一的国际建材装饰连锁店。百安居(B&Q)隶属于世界 500 强企业之一的英国翠丰集团(Kingfisher Group),是欧洲第一、世界第三的大型国际装饰建材零售集团。地处温州市上江大道的百安居温州上江店,经营面积约为 7000 平方米。开张后将为消费者提供包括建材管件、木材、地板瓷砖、油漆涂料、装饰灯具、厨卫设备、园艺用品、布艺家具等十五大类两万多种商品。同时,百安居的装潢中心也将为大家提供从装修选材、设计、施工、监理等一条龙服务。作为第一个进驻温州建材市场的国际巨头,百安居首先填补了温州建材市场无外资零售超市的空白,并将给温州市民带来全新的购物体验和价格实惠。百安居的到来,在给温州市民带来国际建材连锁超市的优质购物体验的同时,必将促进温州建材市场的变革。

案例来源:陈培华,郭为民.一年引进六家世界 500 强[EB/OL].(2005-03-07)[2021-03-01]. https://zjnews. zjol. com. cn/05zjnews/system/2005/03/07/006067237. shtml;黄敏.招商引资又结硕果 世界建材大鳄"游"进温州[EB/OL]. (2005-06-07)[2021-03-01]. https://zjnews. zjol. com. cn/system/2005/06/07/006129307. shtml.

---

① 1 亩＝0.067 公顷。

案例简析 >>>

嘉兴、温州只是浙江引进外资经济的缩影。在 2006 年的浙洽会上,浙江 11 个城市一举拿下巨额"订单",首日签约项目达 145 个,总投资 67.3 亿元,协议外资 27.7 亿美元,其中包括德国西门子集团等世界 500 强企业的部分项目。时任浙江省副省长钟山表示,前七届浙洽会上,共签约外商投资项目 2395 个,协议利用外资超过 183 亿美元,累计吸引了来自 109 个国家和地区的外商 5 万多人参会。[①]

在大力吸引直接投资的基础上,注重外资质量,招商引资选"龙头",把更多全球优质的生产要素引进来,不忽视外资可能带来的全新的商业模式和管理模式。尤其是世界 500 强企业等国际产业巨头,它们具有全球化管理经验,对市场新商机的嗅觉更敏锐,对新商业模式的"试验"更加超前与成熟。在许多领域,外资的参与引发了商业模式的颠覆,带来了经营模式的变革,更促成了产品与服务形态的多变。这一串连锁反应,可能开拓出更大的经济新空间。[②]

世界领先外资企业的入驻,其先进的管理模式和良好的服务,对本土经济将带来一定的负面冲击,但也会使业内竞争朝着更加规范有序的方向发展,对市场的整体发展大有益处。同时,竞争也迫使业态按照市场规律优胜劣汰重新洗牌,实现相互竞争、相互促进、相互补充,并共存发展,消费者将成为最大的受益者。这也是世界 500 强企业入驻所产生的协同发展效应的体现。

---

① 浙江高官:引入众多资金人才　浙江发展需要浙洽会[EB/OL].(2006-06-08)[2024-06-21].https://www.chinanews.com.cn/news/2006/2006-06-08/8/741323.shtml.

② 刘梅,刘乐平.世界 500 强的"浙江脚步"——外资在浙江·世界 500 强篇[N].浙江日报,2015-05-07(12).

二、微观结合：推动"以民引外、民外合璧"

通过"民外合璧"快速提升浙江开放型民营企业的主体竞争力，是构建本土经济与外资经济统筹发展格局的微观基础。民营企业是浙江开放型经济的一个显著特征，是浙江经济发展的最大优势和活力之源。21世纪初期，民营企业外贸出口发展最为迅速，其增长幅度大大超过浙江国有企业和外资企业。在经济全球化日益加深的背景下，推进民营企业与外资嫁接提升，可以有效吸纳境外企业先进的技术、品牌、管理和市场，加快提升民营企业制造技术和经营管理水平，增强国际市场竞争力；可以充分利用民营企业现有厂房和土地资源吸引外资项目，挖掘土地潜力，置换落后产能，实现"腾笼换鸟"，提高区域经济质量效益；可以积极发挥民营经济的产业集群基础、创业人才基础、市场网络基础优势，加快引进境外先进企业，实现优势互补，促进强强联合，进一步发挥外资在经济转型升级中的重要作用。

对于扩大与外资企业合作，塑造统筹本土经济和外资经济市场主体这一任务，习近平同志指出："从微观上看，要解决好民营经济与外资经济的'结合'问题。'结合'的意思就是'以民引外、民外合璧'。要发挥浙江民营企业的优势，在管理、技术、制度、市场、文化等各个方面找准与引进企业的结合点，以人之长，补己之短，特别是将传统、支柱产业与世界龙头企业进行嫁接。"①

在合作目标上，浙江将世界500强企业和境外行业龙头企业作为重点引进合作对象。从数据上看，自我国加入WTO以来，截至2007年底，共有83家世界500强企业在浙江投资设立了214

---

① 习近平.之江新语[M].杭州:浙江人民出版社,2007:210.

家企业，总投资 83 亿美元。一批世界 500 强企业开始在浙江设立区域总部和研发中心。① 世界 500 强企业进入浙江的步伐明显加快，在浙江的投资也呈现出新特点：现代服务业和临港工业成为新的热点；投资地域主要集中在环杭州湾地区，具有比较明显的集聚发展和群体带动现象；日韩世界 500 强企业进入较多，欧美世界 500 强企业投资开始增多。② 到 2007 年底，外资企业已然成为浙江经济发展不可或缺的角色，对浙江经济社会的发展作出了积极的贡献，为浙江开放型经济发展注入了全新动力。

◆◆【案例 3-2】

"浙大网新"牵手世界 500 强"富士电机"

2003 年 11 月 26 日，浙大网新科技股份有限公司（以下简称"浙大网新"）与日本富士电机株式会社（以下简称"富士电机"）共同投资组建的浙江网新富士科技有限公司（以下简称"网新富士"）在杭州举行揭牌仪式。网新富士注册资本为 1000 万元，其中浙大网新占 65％的股份，富士电机占 35％的股份。在此前的 11 月 7 日，由浙大网新和富士电机合资的株式会社 SIF 也在日本东京正式宣布成立。

富士电机是全球 500 强企业和日本著名的制造企业，在以能源和电力为基础的绿色能源、系统控制、信息机器等相关领域拥有相当的市场份额。此次和浙大网新的合作是富士电机面向成

---

① 浙江省商务厅课题组.浙江引进世界 500 强调研报告[J].统计科学与实践,2013(6):6-8.

② 浙江省发展和改革委员会调研组.世界 500 强企业在浙江[J].浙江经济,2008(1):27-29.

长中的中国市场进行战略决策的重要一环。富士电机计划在之后的三年内，把不少于 30 亿日元的软件开发业务交由这两家合资公司来完成。合资公司成立后，浙大网新与富士电机将围绕软件开发、制造、售后服务等方面展开紧密协作。其中，株式会社 SIF 利用浙大网新的优秀软件人才，在日本从上游工程开始参加系统设计，网新富士完成对开发项目的设计要求、交货日期、产品质量等的管理工作。此外，两家合资公司还将进行人才轮训，开展包括系统设计在内的各领域系统开发业务，逐渐积累日本先进的技术知识和业务知识，最终成为富士电机在中国开展业务的主力之一。

案例来源：网新富士成立［EB/OL］. (2003-12-03)［2021-03-01］. http://www. insigma. com. cn/index. php/news/detail/2609. html.

案例简析 >>>

浙大网新在出口方面积累的丰富经验与其所依托的浙江大学软件学院能源源不断地提供软件开发方面的优秀人才密不可分。同时，日本先进的技术、产品、解决方案无疑会对中国软件企业的技术、管理理念和管理方法带来深远的影响。这种新的合作模式既推动了富士电机软件产业的国际化发展，又助力浙大网新"软件工厂"的梦想进一步迈向现实。战略合作使双方均可获益便是浙江在引资方面所强调的高质量、高水平的体现。

三、文化和合：接轨国际营商环境

随着中国加入 WTO，对外开放进入了一个新的历史时期。2002 年以后，我国在引进和利用外资的问题上更加自主和自信，相关的政策也更加成熟和完善，更注重高新技术而非单纯资金的引入,更强调外资的质量和利用水平的提高。① 2004 年底,在全省经济工作会议上,时任浙江省委书记习近平明确指出:"要破解浙江发展瓶颈,必须切实转变经济发展方式,实施'腾笼换鸟'。"②"借助外力,开放带动,通过'走出去、引进来',不断提高浙江产业发展的层次和水平。"③要达到引进和利用外资的双向发展效果,需要"引进优质的外资和内资,促进产业结构的调整,弥补产业链的短项,对接国际市场,从而培育和引进吃得少、产蛋多、飞得高的'俊鸟'"④。

随着国际资本流向更加成熟的市场,创造公平有序的市场环境对吸引外资的作用愈发凸显。浙江省政府积极转变观念、职能,提高管理、服务意识,提高效率与水平,深化改革开放,积极开展体制创新。对重大项目和重点国别(地区)的招商更为重视,主动加强与世界 500 强企业、各行业世界知名企业、区域性大型企业集团和国际高新技术企业的紧密联系,加大对符合产业特色的跨国公司的宣传和招商力度,浙江利用外资的营商环境、氛围、文化发生了重大变化。

在具体路径上,浙江将各类国家级、省级开发区作为营造一流营商环境、选商引资、促进民企外企合作的主要载体。2004 年,浙江省政府召开全省经济(技术)开发区工作座谈会,提出六大举措

---

① 巫云仙.改革开放以来我国引进和利用外资政策的历史演进[J].中共党史研究,2009(7):24-32.

② 夏丹.新一轮"腾笼换鸟"号角奏响 浙江制造将如何改变?[EB/OL].(2021-11-02)[2023-07-11].https://zj.zjol.com.cn/news.html? id=1752968.

③ 郭永刚.外资要重视 内资不放过 浙江携千亿元项目进京招商[EB/OL].(2006-01-13)[2023-07-11].http://zqb.cyol.com/content/2006-01/13/content_1231852.htm.

④ 习近平.之江新语[M].杭州:浙江人民出版社,2007:184.

提高开发区投资环境吸引力。① 第一，盘活现有存量土地，提高土地利用率。措施包括收回"空地"再招商、评估项目、盘活存量、提高厂房容积率。第二，提高利用外资的层次和门槛。浙江开始将招商引资重点放在引进资源节约型、科技创新型、产业带动型、生态环保型项目上，着重引进高新技术产业龙头项目，开展产业链招商。第三，充分利用现有资源。对原有科技含量高、发展前景好的项目，鼓励其增资扩股。把现有企业做大做强，培育一批主业突出、核心竞争力强、带动作用大的大企业、大集团。第四，创新引资主体，促进民企引进外资。在资源紧缺的情况下，"以民引外"正成为浙江利用外资新的突破点。第五，拓宽利用外资领域，产业结构进一步优化。浙江第三产业外资项目已明显增多，这些项目占地面积较少，水电需求量较低，不仅有利于缓解浙江资源短缺的现状，对进一步优化利用外资结构，加快与国际接轨也有积极的推动作用。第六，加强宣传，进一步改善投资环境。各地、各开发区也要积极走出国门，通过各种推介活动招商引资。浙江大力推进浙洽会的建设，强化行业推介和项目洽谈、突出双向投资等功能，探索投资洽谈新形式，将浙洽会打造成为浙江引进资金、技术、人才、管理等的载体以及浙江走出国门、走向国际的平台。浙洽会成为习近平同志提出的要"提高重大招商活动的组织水平，针对重点地区、重点产业、重要载体、重点市场开展重大招商活动，力求在影响力和实效性上取得双突破"②的重要体现。

---

① 卢洪雨.浙江提出"以民引外"六大举措提高外资吸引力[EB/OL].(2004-08-03)[2021-03-01].http://www.huaxia.com/sw/rdtz/6/00228039.html.

② 井华.习近平谈浙江引进外资[J].国际融资,2005(5):8-10.

◆◆【案例 3-3】

松下工业园为何选择杭州

松下电器是个老牌的产业"航空母舰",在全球 500 强企业排名中能进入前 30 名,一年的销售额超过 500 亿美元。随着国内企业的竞争,那种国外零件国内组装后销售的模式终于抵挡不住价格战的巨大冲击。松下电器也发现,必须提高原材料及零部件的本地供给率,进一步降低成本,同时结合自身产品技术和品牌的优势,才能占领市场。在充分考虑各类因素后,松下电器发现:长三角地区有着中国最活跃的市场,浙江又具有中国家电业最发达的零配件生产环境,制造基地如果设在杭州,产业配套的半径将相对集中,而且可实现资源共享;同时,技术和人才相对集中,上下游产业链能形成互动,当地的众多科研机构能提供巨大的技术人员支持,当地政府也全力支持。一番慎重思考及在有关方面的积极努力之后,杭州脱颖而出,广州、无锡等强大对手城市最终在工业园项目的竞争中落败。

案例来源:陈立华.松下工业园为何选择杭州[EB/OL].(2004-10-19)[2023-10-18].https://zjnews.zjol.com.cn/system/2004/10/19/003474711.shtml.

案例简析 >>>

包括产业链生态、产业政策、法治水平等在内的营商环境,对国际企业投资目的地的选择具有重要影响。作为最早一批进入中国的外资企业,松下电器和杭州制造业的发展紧密相关。引入先进的技术和管理经验,发挥"鲇鱼效应",提升国内制造业的发展水平,是国内引进外资的重要目的。松下电器在杭州的发展很好地发挥了以上作用。在松下电器的带动下,杭州成为国内家电制造业集聚地之一。① 同时,企业的稳定发展,离不开地方政府对营商环境的不断优化,并且杭州自身的产业链实力、配套条件、生产环境也深深吸引着松下电器的落户。企业给杭州乃至浙江的产业结构、技术优化与就业方面等带来了显著的影响,而杭州也给企业提供了发达的零配件生产环境、相对集中的技术与人才优势以及政府的全力支持等。互惠互利、联结双赢、和谐共生,正是浙江引进外资的发展理念。

第二节　引人才:大力引进国内国际人才

国之交在于民相亲,而"邦之兴,由得人"。注重民心相通,引资与引智并重,是习近平同志在浙江工作期间就一以贯之的开放发展理念之一。在大力引进外资的同时,也要重视外智的引进。要想从根本上推动经济的高质量发展,要高度重视人才的培养,建设高素质的人才队伍。2003 年 12 月,浙江省人才工作会议召开,提出要扩大开放,充分利用国内外人才智力资源。继文化"走出去"后,浙江人才"引进来"进程拉开大幕。

一、为何引:人才是第一资源

社会的进步,企业的发展,关键在于人才。人才资源是社会活动的核心,是实现经济体制和经济增长方式两个根本转变的关键。当今世界,综合实力的竞争归根到底是人才的竞争。人才是一个

---

① 刘龙龙. 松下电器为何在中国市场屹立不倒? [EB/OL]. (2020-07-27)[2021-03-02]. https://www. sohu. com/a/409892764_410324? _f＝index_betapagehotnews_1&_trans_＝000014_bdss_dktfyw.

国家、一个地方发展的核心竞争力。小到涉及生活点点滴滴的农业技术人才，大到涉及国家安全的军事人才，可以说，一个国家想要长久发展，就要重视人才。如果修房，人才是地基；如果建大厦，人才就是栋梁；如果搞发展，人才是成功的保证。首先，人才是创新的基石。人才是科技创新的主体，领军人才尤其重要，青年人才更加必不可少。创新工作必须破除对人才成长、流动和发挥潜能的束缚，创新也将成为驱动发展的必要条件。其次，人才是发展的源泉。无论从宏观角度还是从微观角度来看，人才都是发展的决定性因素，是发展的不竭源泉。人才的培养要以发展的眼光去看待。最后，人才是未来的核心。随着经济的转型升级，人才是加快产业转型升级的核心要素之一，其作为一种特殊的战略资源，相对于物质资源、环境资源、资金资源，更具创造活力、增长优势和可持续发展能力。

2001年中国正式加入WTO，人才竞争与流动日趋国际化，国内人才竞争也进一步加剧。全国各地普遍采取了吸引人才的配套措施，作出相关战略部署，浙江的人才竞争面临着国际和国内双重压力。伴随上述挑战而来的是不可多得的发展机遇。人才是"第一资源"的观念更加巩固，实施人才战略已达成广泛的共识，人才资源开发面临大好机遇；随着产业结构的大幅度调整，人才会相应地向高新技术产业、优势产业、支柱产业自然流动，人才结构调整面临大好机遇；随着人才素质标准的国际化，人才提升自身素质、调整能力和优化素质结构的自觉性会空前高涨；海外资金的大量流入，必然会带来一批国际先进技术、项目和高级人才，为全方位开展国际专业技术人才交流与合作提供大好机遇；世界经济发展趋缓，国外就业和创业比较困难，也为吸引海外学子和各类人才回国创业,特别是支持有真才实学的拔尖人才回国兴办高新技术企业创造机遇;由于制度的先发效应,浙江经济发展驶入快车道,在创造了更多就业机会的同时,也增强了对人才的吸引力。浙江作为沿海发达省份,已把全面参与国际合作和竞争,拓展国际市场空间作为战略取向。与此相适应,浙江必须着眼于增强人才国际竞争力,以加入 WTO 为新的契机和动力,获取先机,迎接挑战,确立浙江的人才发展战略。2003 年,时任浙江省委书记习近平在浙江省政府工作报告中指出,过去五年浙江省经济实力大为增强,社会事业蓬勃发展,基础设施条件显著改善,人民生活水平不断提高。在充分肯定成绩的同时,我们也应清醒地看到,发展中还存在不少问题和矛盾,如人才、资金、能源等对经济发展的制约仍不同程度地存在。提高综合实力和国际竞争力,科技是关键,教育是基础,人才是根本。因此,需要继续实施科教强省战略,加强人才的培养和引进,不断完善适应现代化建设需要的区域科技创新体系、现代教育体系和人才支持体系。①

综上,可以看出,人才自身的重要性以及浙江在 21 世纪之初面临的发展问题共同促进了浙江引进人才政策措施的推出。2015年,习近平总书记在浙江调研时再次强调,人才是最为宝贵的资源,只要用好人才,充分发挥创新优势,我们国家的发展事业就大有希望,中华民族伟大复兴就指日可待。②

---

① 2003 年浙江省政府工作报告[EB/OL].(2006-02-20)[2023-07-11]. https://www.gov.cn/govweb/test/2006-02/20/content_204724.htm.

② 习近平考察浙江:新提法中信息量很大[EB/OL].(2015-05-28)[2023-07-11]. http://news.cntv.cn/2015/05/28/ARTI1432782193875362.shtml.

◆◆【案例 3-4】

透视浙江省高技能人才短缺现象

高技能人才是经济社会发展过程中关键性的人力资源,在经济社会的可持续发展过程中起着基础性的人才支撑作用。通过一系列的工作与实践,高技能人才的地位和作用日益显现,高技能人才队伍建设步伐明显加快,为浙江经济建设和社会发展打造"浙江先进制造业基地"提供了人才支撑。

从调研情况看,截至 2005 年,浙江高技能人才队伍的基本状况如下:一是技能人才总量短缺。按一般通行的技术工人占职工总数的 50% 的统计口径计算,被调查的规模以上企业技术工人缺口为 36.54%。有技能但尚未经过职业技能鉴定的人数有 643126 人,占总人数的 24.16%,如果加上这部分技能人才,缺口为 12.38%。由此表明,浙江技能人才总量短缺,持证上岗比例偏低。二是技能人才结构布局不尽合理。从调研情况看,通用工种的技能人才比例较大,各行业特有工种高技能人才比例偏小,而从外地引进的高技能人才出于多种原因,较难胜任浙江许多企业特别是非公企业的工作岗位。三是技能人才学历偏低。技术工人总体素质偏低,使很多科技创新成果难以转化,同时也阻碍了企业新设备、新工艺、新材料等高新技术的引进和使用,对打造浙江先进制造业基地产生了严重的负面影响。四是高技能人才年龄结构不尽合理。

案例来源:浙江省劳动和社会保障厅课题组.透视高技能人才短缺现象——对浙江高技能人才队伍建设现状的分析[J].浙江经济,2005(11):25-27.

案例简析 >>>

高技能人才是经济社会发展过程中的关键性人力资源,在经济社会的可持续发展过程中起着基础性的人才支撑作用。浙江经济快速发展,不断腾飞,在2004年成为第四个GDP超过万亿元的省份。在此良好形势下,其产业不断发展,产业结构不断调整,必然导致对高技能人才的大量需求。人才引进是解决高技能人才短缺的重要途径。浙江经过不断的实践和探索,形成了一定的特色,如2004年浙江推出的"万名高层次人才引进工程"、人才柔性流动政策等,但短期内高技能人才短缺现象仍难以改变,浙江省政府应坚持以"硬性"引进为基础,以"柔性引进"为核心,加大人才引进的力度。

二、如何引:实施"人才强省"战略

引人才的前提是识人才。那么究竟什么样的人可以称为人才?按照2002年党的十六大提出的"尊重劳动、尊重知识、尊重人才、尊重创造"的要求,应该放宽视野,开阔思路,充分认识到人才的多样性、多层次性和相对性的特点,只要具有一定的知识和技能,能够进行创造性劳动,在社会发展和人类进步的实践中作出积极贡献的,都是党和国家需要的人才。

2004年,浙江省委、省政府作出《关于大力实施人才强省战略的决定》,着重从加快高层次人才、高技能人才和紧缺急需人才培养,重视发挥现有人才作用,积极做好留学和海外高层次人才引进工作,完善人才评价和激励机制,加强人才市场体系建设,优化人才环境,推进非公有制经济组织和社会组织人才资源开发等方面提出任务要求和政策措施。具体措施如下。[①]

---

① 浙江实施人才新政[J].政策瞭望,2004(2):19-20.

（1）超编进入。事业单位引进紧缺急需的具有硕士、博士学位或具有高级专业技术职务任职资格的人才可暂时超编进入,引进人才的专业技术职务由用人单位根据工作需要自主聘任。对来浙江省工作的国内外知名专家,鼓励用人单位给予一定数额的科研启动费和安家补助费,同级财政给予一定支持。各地应制定引进人才购买经济适用房政策。

（2）解决住房。鼓励用人单位积极为引进人才解决住房问题。高校毕业生来浙择业,可以先落户,后找工作,人事档案由其户口所在地政府部门所属人才服务机构管理,并提供两年的免费人事代理。用人单位与引进人才确立聘用关系后,应为其办理各项社会保险。

（3）居民待遇。制定浙江省居住证办法,通过柔性引进来浙工作、创业或服务的国内外人才,符合条件的发给《浙江省居住证》并享有浙江省当地居民相关待遇。

（4）设立创业资金。积极做好留学和海外高层次人才的引进工作。鼓励有条件的地方发展留学人员创业园区,设立留学人员创业启动资金,鼓励民营资本为留学人员创业提供风险资金。

（5）人才机制。建立党政领导人才考试测评中心,建立和完善干部正常退出机制,实行优胜劣汰。

（6）雇员制度。探索试行政府雇员制度。

（7）新型聘用制度。推行管理人员和专业技术人员聘任制;引进市场机制选聘国有企业经营管理者;建立和推行事业单位人员聘用制度和岗位管理制度,促进事业单位由固定用人向合同用人,由身份管理向岗位管理的转变。

(8)人才评价体系。建立以业绩为重点,由品德、知识、能力等要素构成的人才评价指标体系;建立科学的企业经营管理人才的市场评价机制,深化职称制度改革,进一步完善专业技术职务聘任制,破除专业技术职务终身制。

(9)人才奖项。设立"浙江省突出贡献人才奖",对为浙江经济社会发展作出突出贡献的拔尖人才给予奖励;支持国内外各种组织和个人在浙设立人才奖项;研究完善浙江省党政机关工作人员地区附加津贴制度和奖金制度。

(10)特级专家制度。建立浙江省特级专家制度,学术技术在全国具有重要影响,在省内处于顶尖水平的各领域学术带头人可以评选为特级专家。

(11)猎头公司:鼓励民间资本投资兴办猎头公司,鼓励外商以合资或合作的方式来浙兴办人才中介机构;实行人才中介职业资格制度,建立人才中介协会。

这11项人才新政是浙江人才强省实施阶段的全面部署,为人才质量全面提升阶段奠定了坚实基础。

浙江在发展高层次人才的同时,非常注重高技能和实用人才队伍建设。2004年,浙江在全省范围内推行"首席工人""首席技工"制度。实施了"千万农村劳动力素质培训工程""乡村卫技人员素质提升工程",全面提高农民就业致富能力,对全省5万名乡村医生进行全科医学知识培训。2015年,习近平总书记在考察浙江时,再一次强调"浙江的人才优势要继续巩固和发展,还要与时俱进、更上层楼"①。浙江历届省委、省政府保持战略定力,坚持

---

① 习近平考察杭州高新企业 谈爱护高端尖子人才[EB/OL]. (2015-05-27)[2021-03-02]. https://news.cnr.cn/dj/20150527/t20150527_518650391.shtml.

人才优先发展,一以贯之抓落实,不断推动人才强省建设向纵深发展。

◆◆◆【案例 3-5】

中国第一所中外合作大学——宁波诺丁汉大学

在宁波,我国第一所引进世界优质教育资源的中外合作大学——宁波诺丁汉大学应运而生,该校由宁波市政府主办,浙江万里学院与英国诺丁汉大学合作联办。宁波诺丁汉大学理事长徐亚芬仍记忆犹新,2003 年 1 月 5 日,时任浙江省委书记习近平到浙江万里学院考察,她向习近平同志大胆汇报酝酿已久的想法:引进世界百强名校英国诺丁汉大学的优质教育资源,创办中国第一家中外合作大学。

"中国宣布加入 WTO 那一天,我一夜未眠,经济全球化,必须要有全球视野的人去应对挑战、抓住机遇,而中国教育何去何从?我认为,这倒逼着中国的教育也要全球化。"徐亚芬回忆说,当时中国还没有这样的先例,要突破思想和体制上的诸多环节,谈何容易?她没有底气把握,可她没想到,"习书记听后,当即表示全力支持,这给了我无比的信心!"

在此之后,习近平同志曾三访浙江万里学院,每次必问宁波诺丁汉大学的筹建情况。2006 年 2 月 23 日,宁波诺丁汉大学校园落成,习近平同志在落成仪式上发表重要讲话:"宁波诺丁汉大学的创建和成立,开创了我国高等教育与国外优质高等教育资源相结合的先河,为中国教育走向世界创造了一种新的模式,也为高等教育发展注入了新的活力,提升了高等教育的办学水平。"

案例来源:李昆,谢晔,陈佳莹,等.钱江奔涌向大洋——习近平总书记在浙江的探索与实践·开放篇[N].浙江日报,2017-10-09(1).

案例简析 >>>

在"人才强省"战略指引下,面向全球招人才、合作办学在浙江蓬勃开展。宁波诺丁汉大学作为中国第一家中外合作大学,成为面向全球招引人才的一种新尝试。其以"一流学术成就一流国际化人才"为宗旨,构建了符合学校实际情况、利于发挥学校海外资源优势的人才引进及保障机制。学校坚持人才的国际化标准,提供与国际接轨的人才待遇,确保人才"留得住、用得上";同时借助英国诺丁汉大学的现有师资,以有竞争力的薪酬条件引进本部的资深学术及管理人才,形成学校的骨干中坚力量。学校还依托宁波市的海外人才引进计划,邀请一批优秀的海外留学人才来校研讨,吸引一批在国外已有深厚教学科研基础的优秀人才加盟,不断充实师资队伍,提升师资水平。

三、见成效:人才驱动创新升级

改革开放以来,浙江率先进行市场取向的改革,实现了由资源小省到经济大省的转变,各项经济和社会发展主要指标位居全国前列。1978—2007 年,全省地区生产总值年均增长 13.2%,从全国第 12 位上升到第 4 位;30 年间,地方财政收入年均增长 15.2%,位列全国第 5 位;全省城镇居民人均可支配收入和农村居民人均纯收入分别连续 7 年和 23 年保持全国各省区市第 1 位;区域创新能力居全国第 5 位;生态环境状况位居全国第 1 位;可持续发展能力居全国第 1 位。①

---

① 赵洪祝.浙江改革开放史是中国特色社会主义的生动实践[EB/OL].(2011-10-13)[2021-03-02]. http://www.hprc.org.cn/gsyj/yjjg/zggsyjxh_1/gsnhlw_1/baguoshixslwj/201110/t20111013_161498.html.

一连串傲人数字的背后,都离不开人才的强大支撑力。马克思认为,生产力的发展主要表现为劳动者劳动技能的进步,其根本动力是劳动者。在经济发展过程中,作为劳动者的人居于主体地位,归根到底,经济的发展取决于人的作用的发挥,取决于人力资源的充分利用。现代经济发展的实践表明,人力资源不仅是地区经济发展的前提,更是地区经济增长的重要源泉之一。随着经济发展新趋势的出现,要驾驭高科技、大经济、大生产、大发展,就必须有活跃在社会各阶层、各领域以及从事管理、生产、经营、科研等各方面工作的人才。2004年,浙江省委、省政府在《关于大力实施人才强省战略的决定》中指出,实施人才强省战略是实现浙江省21世纪经济社会发展宏伟目标的根本保证,且人才是关系浙江省未来经济社会发展的决定性因素。在经济全球化趋势不可逆、新技术革命迅猛发展的背景下,知识和人才已成为经济发展和社会进步的主要推动力,人才资源已成为最重要的战略资源。21世纪头十年,浙江省正处于加快全面建设小康社会、提前基本实现现代化的重要历史时期,充分发挥"八个优势",深入实施"八项措施",推动浙江省经济新一轮跨越式发展,全面实现21世纪发展宏伟目标,关键在人才,希望在人才。此外,文件中还指出,实施人才强省战略,必须坚持人才战略目标与经济社会发展目标相适应,人才结构调整与经济结构调整相协调,建立充满生机与活力的人才管理制度及完备的人才市场体系,营造尊重劳动、尊重知识、尊重人才、尊重创造的良好社会环境,充分发挥各类人才的积极性、创造性,形成人才辈出、人尽其才的局面,把浙江省建设成为与经济大省地位相适应的人才强省。

　　"创新驱动实质是人才驱动，人才是创新的第一资源。"[1]2002—2007 年，通过实施"新世纪 151 人才工程""浙江省万名高层次人才引进工程""浙江省非公经济组织人才工作推进工程""钱江人才计划"等，浙江省大量引进科技人员 13437 人，包括博士 1247 人、外国专家 118 人、专兼职院士 4 人[2]，来浙工作的境外专家和海外留学人员显著增加。这些人才在浙江经济建设和社会发展中起着顶梁柱的作用。2007 年，全省各级财政用于文教科卫的支出为 617亿元，是 1978 年的 170 倍，年均增长 19.4%；教育支出年均递增19.9%，科技支出年均递增 21.1%，信息产业销售收入为 4573 亿元，产业规模居全国前五位；软件企业销售收入为 354.3 亿元，成为全国第 5 个软件产业规模突破 300 亿元的地区。[3] 2007 年，全省共有普通高等学校 77 所（含筹建），招收普通本专科学生 24.97 万人，研究生 1.23 万人。全省博士学位授予单位 8 家、硕士学位授予单位 16 家，博士、硕士学位授权一级学科点分别为 43 个和 85个，博士、硕士学位授权点分别为 262 个和 750 个。省属高校工程院院士实现零的突破，全省高校院士总数达 26 人。[4] 这些卓越成果的背后是浙江省委、省政府对于精英人才的高度重视和广泛吸纳。

---

　　① 田宏.决胜未来 习近平为科技人才指明方向[EB/OL].（2018-06-05）[2023-10-19].http://politics.people.com.cn/n1/2018/0605/c1001-30036979.html.

　　② 韩军徽,李哲.引进共建创新载体的丰富实践[N].科技日报,2023-07-24(5).

　　③ 毕宁,沈曦.改革开放四十年浙江建设创新强省、人才强省成就[J].统计科学与实践,2018(12):8-15.

　　④ 毕宁,沈曦.改革开放四十年浙江建设创新强省、人才强省成就[J].统计科学与实践,2018(12):8-15.

◆◆◆【案例 3-6】

留学人员创业园杭州揭牌

2007 年 1 月 14 日,"中国杭州留学人员创业园"正式落户杭州高新区。这是杭州高新区留学人员创业园继获得"国家留学人员创业园示范建设试点""国务院侨办重点联系单位""全国留学回国人员先进工作单位"等荣誉后,获得的又一块国家级"金字招牌",使得园区囊括了同一领域内所有的国家级牌子。中国杭州留学人员创业园成为浙江跟踪世界最新科技成果的重要窗口,也是海外留学人员回国创业施展才华的重要舞台。

截至 2007 年初,全区留学人员创办企业累计实现技工贸总收入占全国 110 家留学人员创业园技工贸总收入的 59%,位居全国首位,且连续几年保持全国领先态势。因而,中国杭州留学人员创业园在杭州高新区落点也顺理成章。

为此,高新区还特别出台了产业扶持政策 40 条、提升企业自主创新能力 24 条和《鼓励留学人员来高新区创业意见》等一系列政策文件。比如,专门设立了人才开发专项资金和留学人员创业资助资金、房租补贴和贷款贴息等无偿专项资助;留学人员可申请杭州市专项经济适用房,享受市民待遇和其他相应优惠待遇;可申请杭州市留学人员创业资助资金、种子基金和创新基金;等等。2000 年至 2007 年初,共有 149 家企业、172 名留学人员获得了杭州市政府 1137 万元的创业资助资金。

案例来源:余小平,章晴.留学人员创业园杭州揭牌[N].钱江晚报,2007-01-15(8).

案例简析 〉〉〉

留学人员创业园作为科技企业孵化器的组成部分,是以服务于留学人员回国创业为主的公益性科技服务机构,其通过引进学有所成的海外留学人员回国创业,成为浙江引进高层次人才的一条重要渠道。中国杭州留学人员创业园的成立,是全面贯彻落实"人才强省"战略的成果之一,其通过为留学人员工作和创业提供优质高效的服务,吸引更多的海外高层次人才来杭创业,促进当地经济更好更快地发展。

第三节 引技术:打通技术吸收与自主创新两条道路

科学技术是经济发展第一生产力,"引进技术"就是取人之长、补己之短,正视技术的差距,虚心学习国外的研发设计、销售网络、核心技术,学习国外的世界眼光、战略思维和远见卓识。通过加强交流与合作,取长补短,打通从引进、消化、吸收到再创新之路,实现自主研发、国外引进"两个轮子"一起转,不断提高本国或本地区的综合实力和国际竞争力。

一、吸收一切先进技术成果,提升产业技术含量

吸收和学习领先国家或地区的先进技术是后发国家或地区快速发展的普遍选择。任何一个国家或地区,出于经济、资源、人才等种种原因,通过本国或本地区的研发不可能在每一方面都领先于其他国家或地区,即使是技术最发达的美国,也要引进其他国家或地区的先进技术。因此,各个国家或地区之间应该相互学习,相

互补充,这样才能共同发展。与发达国家相比,技术引进对于发展中国家来说更是必不可少。一方面,发展中国家与发达国家的差距较大,据估计,两者之间的科技差距达到 30～50 年。另一方面,许多发展中国家都面临着科研资金不足、人才缺乏、制度不完善等困境,这些困境影响了发展中国家的研发投入。据统计,全世界用于研究和开发的资金中,发达国家占 97%,发展中国家仅占 3%。发展中国家如果只依靠本国的研发来获取技术进步,那么它与发达国家的差距只会越来越大。与本国进行研发相比,技术引进对于发展中国家来说在以下三方面更具有意义:首先,技术引进能够大量节约发展中国家的研发成本。研究和开发一门新技术需要大量的投入,为了开发新技术,发达国家每年都拿出大量的资金用于科研。技术引进所花费的成本要远远小于开发新技术所花费的成本,这样发展中国家将会节省出大量的资金。其次,技术引进能够避免漫长的探索过程。一项重大的基础科研成果,从研究试验、设计到投入生产,需要经过十几年甚至几十年的时间。而引进外国的先进技术在较短时间内就能投入生产,这样就可以迅速缩小发展中国家与发达国家之间的技术差距。最后,技术引进有利于培养本国人才。在学习和吸收外国先进技术的过程中,发展中国家也培养了自己的人才,并且在此基础上还能够提高人才的开发和创新能力。

　　浙江具有技术应用和改造的广泛产业基础,将引资和引智、引技相结合,是快速提升浙江本土产业竞争力的必然选择。浙江传统产业具有良好的发展基础和比较优势,在较长时期内仍将是支撑制造业增长的主体,但另一方面,浙江产业发展水平普遍偏低,产品技术含量和附加值低等问题也非常突出。如果不加快改造提升,在日趋激烈的竞争中,原有优势可能弱化,生存空间可能越来越窄,甚至陷入困境。因此,必须加快运用高新技术和先进适用技术改造提升传统产业,鼓励企业加大技术改造的力度,加强基础装备创新、工艺创新和产品创新,充分发挥浙江沿海省份的特点,充分利用遍布全球的浙商,充分把握国家对外开放的政策机遇,在更高起点上引进技术。对此,习近平同志在浙江工作期间曾有精彩论述,强调"把引资作为一个'引子',以此来引进与外资'捆绑'在一起的先进的技术、管理、制度、理念、人才,开拓更高层次、更加广阔的国际市场,从而提升浙江企业和产业的档次"①。

浙江省引进技术规模连续数年处于全国各省份第一。随着全省制造业的发展和经济结构调整的加快,浙江省的技术引进数量迅速增长,并逐渐进入全国领先行列。据商务部数据统计,2005年,浙江技术引进合同金额从2000年的5300万美元上升到了11.3亿美元,技术引进项目合同数量达到504项,技术引进合同总金额占全国比重为5.9%,位居上海、北京之后,列全国第三,排名比2003年和2004年分别提升了四位和两位。② 另据浙江省经贸委的统计,2001—2005年,浙江办理申请进口设备减免税的技术改造引进项目共10402个,总投资1636.62亿元,用汇123.23亿美元,分别占全国的1/4以上,连续几年名列全国第一。③

---

① 习近平.之江新语[M].杭州:浙江人民出版社,2007:210.

② 按地区分的国外技术引进合同(2005年)[EB/OL].(2005-12-04)[2023-07-14]. http://www.stats.gov.cn/zt_18555/ztsj/kjndsj/kj2005/202303/t20230303_1923786.html.

③ 王立军.浙江省制造业技术引进消化吸收再创新研究[J].软科学,2007(3):127-131.

◆◆【案例 3-7】

独具慧眼:最早引入独立医学实验室

在国际上,独立医学实验室是一种成熟的商业模式,最早起源于 20 世纪五六十年代的美国。目前,独立医学实验室已经遍布发达国家和地区,全球已有十几家独立医学实验室成为上市企业。例如,美国的 Quest Laboratories 和 Laboratory Corporation of America (LabCorp)、日本的 BML 及加拿大的 MDS 等。在美国,独立医学实验室承担了全美 40% 的医学检验业务,而且这一比例每年还在增长,已拥有 52 家大型实验室和 2000 多个患者服务中心。应该说,美国的独立医学实验室行业依然处于国际领先地位。

相比之下,我国的独立医学实验室目前在整体上还是处于起步阶段,仅占医学诊断服务市场 1%~2% 的份额。如今,随着新医改的深入推进,我国的独立医学实验室开始显现出巨大的发展空间和潜力。

成立于 2004 年,如今已是第三方医学检测行业龙头企业的杭州迪安医学检验中心有限公司(以下简称"杭州迪安"),是最早一批将独立医学实验室商业模式引入中国的企业。借助多年的医疗市场服务经验,在学习和引进独立医学实验室商业模式的同时,结合中国医疗市场的特色,杭州迪安抓住诊断产品销售和诊断服务外包两种新老业务模式所服务的客户和市场基本重合的特点,逐步探索整合,形成了具有自身特色的商业模式。同时,杭州迪安致力于生物诊断领域的技术创新、临床应用及为各级医疗机构提供诊断技术的整体解决方案探索,这使得其在上市过程中得到了资本市场的广泛认可。此外,在医学检测服务外包方面,杭州迪安也形成了自身独特的市场定位模式,其提供的服务主要为"三高一新"项目,即对各医疗机构而言"高成本、高投入、高风险、新技术"的项目。

案例来源:魏江.创新二十年——浙江省企业技术中心发展之路[M].杭州:浙江大学出版社,2015:158.

案例简析 〉〉〉

杭州迪安早已快人一步,扩大技术引进合作,符合国家对现代服务业、生物医药行业等经济转型发展要求的方向,并符合新医改的导向,在医学检测领域发挥着越来越重要的作用。我们不禁要问:这难道是一种巧合? 显然不是。杭州迪安成功的背后体现了浙江抢抓机遇、开拓进取的能力,展现了浙江引进高新技术的决心。适应新的形势,坚持与时俱进,增强创新意识,是一个地区加快发展的关键。浙江在外贸出口实施"四个多元化"、推动专业市场到国外开办分市场、积极应对国外反倾销调查等方面,大胆创新体制机制,取得了显著成效,积累了不少成功经验。实践证明,创新是抓住和利用好机遇,实现加快发展的源泉和动力。面对进一步扩大开放的新形势,我们要弘扬创新精神,进一步增强创新意识,在更高起点上引进高新技术。

二、从"技术引进"切换到"创新输出"

技术引进的最终目标是转化为自主创新能力,如果只重引进、轻消化吸收,就容易陷入"落后—引进—落后—引进"的技术进步引进锁定困境。技术引进、消化、吸收、再创新是后发国家或地区实现技术进步的捷径。由于科技基础、技术能力、经济发展水平、教育和文化等多方面因素的差距,后发国家或地区如果选择单纯的自主创新的技术进步路子,则无法利用技术差距空间和"后发优势"，很有可能进一步拉大与发达国家或地区的技术差距；但如果消化吸收能力不足，则面临引进路径依赖。健康可持续的技术发展路径是：在技术差距较大时，通过引进发达国家或地区的先进技术和设备，节约自主研制和开发的大量费用，弥补本国或本地区研究与开发力量的不足，少走弯路、节约时间，迅速拥有和掌握先进技术及装备；在技术水平接近技术前沿时，尽快通过二次创新形成自我技术发展能力，在独立自主的基础上，构建发展领先的核心技术体系。

2004年4月，浙江省委、省政府出台的《关于进一步扩大开放的若干意见》指出，要坚持扩大引进技术和增强自主创新能力相结合，坚持利用外资和促进产业结构优化升级相结合。浙江走出了一条先进技术"引进—消化—吸收—再创新"的道路。在浙江，通过技术引进、消化、吸收、再创新，快速提升了企业的技术装备水平，改变了出口产品结构，提高了出口产品附加值。据测算，2005年，浙江省机电产品和高新技术产品出口额已占出口总额的47.2%[①]，引进高新技术带来的成果不断显现。初步核算，2007年，全省地区生产总值为18638亿元，比上年增长14.5%。其中，第一产业增加值1025亿元，第二产业增加值10092亿元，第三产业增加值7521亿元，分别增长2.8%、15.4%和15.1%。人均GDP为37128元（按年平均汇率折算为4883美元），增长12.7%。[②]引进技术进一步优化了产业结构，单位能耗和污染物排放下降，节能减排取得进一步成效。关停了一批高耗能、高污染企业或生产

[①]　2005年浙江省国民经济和社会发展统计公报[EB/OL].（2006-03-13）[2023-07-23]. https://www.gov.cn/jrzg/2006-03/13/content_226316.htm.

[②]　2007年浙江省国民经济和社会发展统计公报[EB/OL].（2008-03-26）[2023-07-07]. http://tjj.zj.gov.cn/art/2008/3/26/art_1229129205_519750.html.

线，企业也加大了对节能减排项目的技术改造。2007年，全省单位GDP能耗同比下降4.18%，规模以上工业单位增加值能耗同比下降8.00%，降幅分别比上年提高0.66和1个百分点。37个行业大类中，有32个行业的单位增加值能耗有不同程度的下降，下降面从2006年的7成提高到接近9成，其中降低率在10%以上的主要包括有色金属、纺织、食品制造等9个行业。[①]

◆◆◆ 【案例 3-8】

先取精华，后做龙头

——杭汽轮的"引进、消化、吸收、再创新"之路

1974年6月，国家批准了引进国外透平机械先进制造技术的"四三"方案，杭州汽轮机厂（以下简称"杭汽轮"）被确定为国家"四五"计划（1971—1975年）重点工程，与西门子公司在北京签订了"工业汽轮机许可权及技术转让合同"。从此，杭汽轮拉开了引进技术的序幕。这一阶段，杭汽轮主要任务就是学习、掌握西门子引进技术，通过派遣工程技术人员和技术工人赴德国实习，通过对国外图纸的工厂化以及通过大量的技术攻关，尽快将引进技术学到手。

而在1986年至2002年的消化、吸收阶段，杭汽轮先后两次与德国西门子公司签订为期十年的技术合作协议，与世界工业汽轮机制造领域的其他顶尖企业展开合作生产，并先后聘请德国西门子公司顶尖人员担任技术顾问。2000年，年产50万吨乙烯装置驱动裂解气、丙烯和乙烯压缩机汽轮机的研制成功，标志着杭

---

① 2007年浙江省国民经济和社会发展统计公报［EB/OL］.（2008-03-26）［2023-07-07］. http://tjj. zj. gov. cn/art/2008/3/26/art_1229129205_519750. html.

汽轮正式跻身于被极少数跨国集团长期垄断的工业汽轮机高端市场。

杭汽轮的自主创新是从 2003 年全面展开的,这一年,杭汽轮提交的"百万等级乙烯装置驱动用工业汽轮机"研发项目得到了国家发改委的立项批准。这标志着一场彻底甩掉"洋拐棍",完全自主创新的战役在杭汽轮打响。杭汽轮实际上开展的是"三个百万等级产品"的研发,即"年产 100 万吨乙烯装置驱动汽轮机""100万千瓦锅炉给水泵驱动汽轮机""年产 100 万吨 PTA 装置驱动用汽轮机"。上述产品的设计范围无一例外地都大大超出当年引进技术的框架,完全由杭汽轮工程技术人员通过自主创新进行研制。经过艰苦卓绝的努力,杭汽轮如愿以偿地拿下了"三个百万等级产品"。

案例来源:王鸿康.我们的道路——引进—消化吸收—再创新——"杭汽轮"自主创新的历程[J].经贸实践,2006(11):11-12.

案例简析 >>>

杭汽轮的成功充分说明高层次的技术引进是后续自主创新的坚实基础,也充分说明浙江省今后的经济发展中要把利用高新技术与结构调整作为一个有机的整体,不断优化经济结构和布局。提高利用先进技术的水平,更好地发挥外资的作用,是浙江优化经济结构的客观要求。我们要引导外资投向高新技术产业、基础产业和新兴服务业,引进更多的先进技术、管理经验和高素质人才,注重引进技术的消化吸收和创新提高,把引进技术密集型企业与发展劳动密集型企业紧密结合起来,把引进大企业和引进中小企业紧密结合起来,促进经济结构调整,提升产业层次,增强综合竞争力。

◆◆ 本章小结

开放型经济,本质上是一个本土经济与外部经济互联互通、互补互促的国际化经济形态。长期以来,浙江民营经济发达,本土企业活跃,与沿海其他省份相比,外资的引进与吸收相对不足。习近平同志在浙江工作期间,高度重视浙江的外商引进与外资利用工作,部署实施了一系列引外资、引人才、引技术等重大战略与行动,强调引进质量,重视本土经济与外资经济的统筹融合;双轮驱动,推动浙江形成全方位、多层次、宽领域、高水平的开放新格局。浙江在引进外资的过程中,注重在宏观上内外资本组合、微观上内外企业结合、文化上标准规制和合,对当前推进高水平开放、构建新发展格局仍具有重要时代价值。

◆◆ 思考题

1.本土经济与外资经济融合互补、互惠互利的逻辑是什么?有效路径又有哪些? 如何统筹本土经济与外资经济?

2.人才是支撑发展的第一资源,引资与引智并重是习近平同志在浙江工作期间就一以贯之的开放发展理念之一。进入新时代,请谈一谈引进国际人才的有效举措。

3.自主研发与技术引进是技术进步的两个轮子。进入新时代,如何有效加强自主研发,增强技术自主性和产业链韧性?

◆◆ 拓展阅读

1.习近平.习近平谈治国理政(第三卷)[M].北京:外文出版社,2020.

2.中共中央文献研究室.习近平关于科技创新论述摘编[M].北京:中央文献出版社,2016.

3.魏江.创新二十年：浙江省企业技术中心发展之路[M].杭州：浙江大学出版社,2015.

4.巫云仙.改革开放以来我国引进和利用外资政策的历史演进[J].中共党史研究,2009(7):24-32.

5.刘建丽.新中国利用外资70年：历程、效应与主要经验[J].管理世界,2019(11):19-37.

6.黄凌云,刘冬冬,谢会强.对外投资和引进外资的双向协调发展研究[J].中国工业经济,2018(3):80-97.

主动接轨上海,参与长江三角洲地区经济合作与发展,是一个庞大的社会系统工程。我们浙江要着眼于"虚心学习、主动接轨、真诚合作、互利共赢",以提高区域经济综合实力和国际竞争力为着眼点,以市场机制为主导,注重发挥比较优势,以更加积极的姿态,加强与沪苏的经济合作与交流,进一步提高我省的对外开放水平,充分发挥我省在长江三角洲地区的应有作用,共同推进长江三角洲地区经济一体化,努力在互动共进中实现沪苏浙三省市发展的共赢。

——摘自习近平同志在沪浙两省市经济社会发展情况交流会上的讲话(2003 年 3 月 21 日)[①]

浙江的资源禀赋逼迫我们,浙商的走南闯北启示我们:浙江要在新的起点上实现更快更好的发展,既需要"立足浙江发展浙江",又必须"跳出浙江发展浙江"。

——摘自习近平同志在浙商论坛 2005 年峰会上的讲话(2005 年 6 月 5 日)[②]

第四章 跳出浙江发展浙江Ⅰ:开拓国内大市场

◆◆ 本章要点

1. 浙江经济可划分为省内浙江经济、省外浙江经济、海外浙江经济三个部分。其中,省外浙江经济是指浙江本土企业或居民到

---

① 习近平.干在实处 走在前列——推进浙江新发展的思考与实践[M].北京:中共中央党校出版社,2006:108.
② 习近平.干在实处 走在前列——推进浙江新发展的思考与实践[M].北京:中共中央党校出版社,2006:111.

国内其他省份进行投资的经济活动,是浙江省内经济的延伸,是"跳出浙江发展浙江"、开拓国内大市场的重要成果。浙江在开放发展过程中,受到自然地理环境的限制,大量在省外投资的浙江企业大致经历了营销和资源初级加工投资、专业市场投资、大规模生产基地建设投资三个主要阶段。浙商所具备的精神——吃苦能干的创业精神、敢于冒险的开拓精神、"卧薪尝胆"的坚韧精神、四海为家的草根精神、自我纠正的包容精神,指引着一代代浙江商人走出浙江,开拓国内大市场。

2."跳出浙江发展浙江",就是鼓励企业"走出去",主动接轨上海,主动参与西部大开发和东北地区等老工业基地改造,主动参与国内市场、国际市场竞争,在更大的空间内实现更大的发展。

改革开放以来,内源主导型开放是浙江开放发展的典型特征。在开放进程中,浙江的民营经济是开放发展的主导力量。浙江很多企业首先起步于区域开放,在国家政策的鼓励下,大量浙江企业开始在省外进行投资,进而获得国内的市场空间。在改革开放初期,浙江独特的自然地理环境决定了其开放发展的模式。浙江人口较多和土地资源少的矛盾突出,自然资源相对匮乏,通过资源的开发和利用显然无法实现经济的快速发展。

第一节 主动接轨大上海,深化长三角合作

主动接轨上海,是21世纪初期浙江对内对外开放战略中十分关键的一招。接轨上海,就是接轨机遇,就是接轨发展,就是接轨国际化和现代化。2003年,时任浙江省委书记习近平指出:"紧紧

抓住新一轮国际资本和产业转移的机遇,抓住世界科技革命带来的产业结构调整升级的机遇,抓住接轨上海、参与长三角经济合作与发展的机遇,把我省的区位优势转化为对外开放优势,把体制优势转化为国际竞争优势,把特色经济优势转化为出口优势,在发展开放型经济上实现新突破。"①这一战略理念拉开了浙江深化国内合作、利用国内资源、开拓国内大市场的大幕。

一、廓清认知:树立主动接轨上海、融入长三角的发展理念

在接轨上海、扩大长三角区域合作的起步阶段,社会上存在一定的认识偏差与困惑。"一是'无需接轨'的狭隘观念。有的认为,我省这些年来经济社会发展势头良好,没有必要接轨上海、参与长三角地区的合作与交流;也有的认为,我省已与沪苏两省市自然接轨,无需再强调这个问题。二是'无法接轨'的消极态度。认为市场经济讲的是竞争,求的是利益,没有'免费的午餐',没有无私的'合作',特别是行政阻隔、地方保护和部门利益仍然在一定程度上客观存在,阻碍着接轨上海、参与长江三角洲地区的合作与交流。三是'无从接轨'的畏难情绪。认为这件事讲起来容易做起来难,不知从何下手,自己该作什么努力。"②

实际上,与上海接轨为的是更好地发展,也是为浙江的民营经济开拓新的发展空间,企业和群众是最大的受益主体,市场机制的力量必定会冲破行政体制的壁垒。习近平同志认为,"上述这些思想观念是狭隘的、片面的、消极的,也是与发展市场经济的要求格

---

① 习近平.干在实处 走在前列——推进浙江新发展的思考与实践[M].北京:中共中央党校出版社,2006:83.

② 习近平.干在实处 走在前列——推进浙江新发展的思考与实践[M].北京:中共中央党校出版社,2006:107.

格不入的。"①"我们要认真查找问题,正视差距,虚心学习上海的大思路、大手笔、大气魄,学习上海的世界眼光、战略思维和远见卓识,学习上海服务全国、融入全国的大局观念和宽广胸怀,学习上海的现代理念和先进举措,学习上海务实、勤政、高效的工作作风,借鉴上海在扩大对外开放、推进高新技术产业化、加强城市建设和管理、发展现代农业、促进城乡一体化等方面的成功经验,学上海之长,补浙江之短,进一步推动我省经济社会持续快速健康发展。"②这些观点有效破除了人们认识上的误区,为浙江从接轨上海、融入长三角开始抓起,迈向更高水平、更大范围的开放发展阶段转型奠定了理论基础。

二、制定战略:全面接轨上海、参与长三角合作

依托独特区位优势,加强与长三角地区的合作与交流尤其是主动接轨上海,推动基础设施互联、科技协作、产业协同、生态联保、公共服务共建共享,实现经济、社会、文化等领域的互利共赢,提高对内对外发展水平,是 21 世纪初期浙江发展的战略选择。

2003 年,主动接轨上海、积极参与长江三角洲地区合作与交流活动在浙江全省范围内开展,浙江与上海、江苏加强合作的信息贯穿整年。2003 年 3 月 21 日,习近平同志率领省党政代表团一行 80 余人奔赴上海,开启了对上海、江苏的学习考察之旅,分别与上海签署《关于进一步推进沪浙经济合作与发展的协议》、与江苏签署《进一步加强经济技术交流与合作的协议》。紧接着,浙

---

① 习近平.干在实处 走在前列——推进浙江新发展的思考与实践[M].北京:中共中央党校出版社,2006:107.

② 习近平.干在实处 走在前列——推进浙江新发展的思考与实践[M].北京:中共中央党校出版社,2006:108.

江省委召开工作会议,专题部署"主动接轨上海、积极参与长三角合作与交流"重大战略决策。2003 年 5 月,浙江省委、省政府出台《关于主动接轨上海、积极参与长江三角洲地区合作与交流的若干意见》。以此为标志,长三角两省一市"峰会"的序幕开启,长三角区域合作骤然升温。

完善合作机制与合作平台,是加强经济合作、推动区域经济健康有序发展的内在要求和重要保证。习近平同志认为:"要从政府、企业、民间等多方着手,健全合作机制,建议建立沪苏浙三省市党政主要领导定期会晤机制,坚持和完善沪苏浙经济合作与发展座谈会制度,进一步探索建立有组织、可操作的专项议事制度,积极推动各类经贸活动的开展。"①2005 年 12 月,长三角主要领导第一次座谈会在杭州举行,此后长三角各省市每年轮流在一个省(市)举办座谈会,务实地探讨、交流、合作、深化、融入各种项目。加强政策的统一性和协调性,着力消除市场壁垒,规范市场秩序,为要素的自由流动和各类经济主体的合作与竞争提供良好的政策环境及发展条件。

从历史的角度看,习近平同志在浙江工作期间,积极主动推动浙江与沪苏两省市的深度合作,为 2018 年"长三角高质量一体化发展"进一步上升为国家战略打下了历史基础、制度基础和组织基础。

三、科学方法:发挥优势、实现共赢

浙江要主动接轨上海,必须认识到上海的龙头地位、优势所在和带动作用。2001 年,党中央、国务院已明确上海打造"四个

---

① 中央党校采访实录编辑室.习近平在浙江(下册)[M].北京:中共中央党校出版社,2021:31.

中心"的发展定位，即国际经济中心、国际金融中心、国际贸易中心和国际航运中心。彼时，上海在扩大对外开放、推进高新技术产业化、加强城市建设和管理、发展现代农业等方面积累了丰富的经验，其经济结构和产业竞争力、科技教育水平、吸引外资的总量、城市建设和基础设施建设水平、企业素质等方面，都远远超过浙江。

浙江当时的优势首先体现在邻接上海。浙江经济最发达的区域分布于杭州湾一带，与上海有着经济与文化上的紧密联系。上海作为长三角的龙头，对于浙江而言也是一个优势，关键在于如何促进浙江与上海的深度分工合作，优势互补，错位发展。其次，浙江环杭州湾区域经济发达，拥有优异的港口条件，尤其是宁波、舟山地区，不但直接扼守太平洋上最为繁忙的海上运输大通道，同时也衔接太平洋航线和长江黄金水道。

区位是开放发展战略的基础条件，认识到浙江自身的区位优势才能为主动接轨上海、推动长三角一体化提供抓手。习近平同志到任浙江不久便启程赴 11 个地市调研，为各地市定位把脉，谋划对内对外全方位开放发展新优势。对于嘉兴、杭州、湖州，强调特别要注重"北接上海、东引台资"，做好利用外资这篇大文章，整体推进杭嘉湖地区外向型经济发展。[①] 他指出："如果说中国经济是世界经济的一大亮点，那么长三角的发展则是中国的最亮点。"[②]"根据长江三角洲地区经济整合的发展趋势和我省实际，我们要着眼于'主动接轨、全面融入、发挥优势、实现共赢'，以更加积极的姿

① 本书编写组.干在实处　勇立潮头——习近平浙江足迹[M].杭州：浙江人民出版社,2022：161.

② 本书编写组.干在实处　勇立潮头——习近平浙江足迹[M].杭州：浙江人民出版社,2022：136.

态参与长江三角洲地区的经济合作与发展。"①

在嘉兴,习近平同志 2004 年 2 月到嘉善考察时指出,嘉善作为全省接轨上海的"桥头堡"、承接上海辐射的"门户",希望嘉善深入实施主动接轨上海、推动长三角地区一体化发展战略,全面提高对内对外开放水平。② 2005 年 4 月,习近平同志再次来到嘉善,再次强调,希望嘉善在主动接轨上海、扩大开放、融入长三角方面迈出新步伐。③

在 2003 年浙江省海洋经济工作会议上,习近平同志进一步系统地阐述了发展海洋经济对扩大开放的重要意义。他指出:"海洋是长三角经济圈的重要组成部分,是长三角二省一市走向世界的共同通道。加快海洋经济发展,保护和开发海洋资源,不仅是实现长三角地区经济一体化的重要内容,也是长三角地区融入国际经济的重要途径。"④针对舟山扩大合作问题,习近平同志指出:"舟山地处沿海南北航线与长江黄金水道的交汇要冲,是我国对外开放的海上门户之一,也是我省接轨上海、参与长江三角洲地区经济合作与交流,发展开放型经济的一条重要'蓝色通道'。"⑤

综上所述,接轨上海,推动长三角一体化进程,是浙江扩大内外双向合作的重要途径。事实上,江浙沪三地各有优势,有竞争,也有互补。而且,上海和江苏有不少优势和经验值得浙江学习。

---

① 李杲,谢晔,陈佳莹,等.钱江奔涌向大洋——习近平总书记在浙江的探索与实践·开放篇[N].浙江日报,2017-10-09(1).

② 曹起铭."八八战略"绘宏图 踔厉奋发一体化[N].嘉兴日报,2023-06-06(4).

③ 曹起铭."八八战略"绘宏图 踔厉奋发一体化[N].嘉兴日报,2023-06-06(4).

④ 习近平.发挥海洋资源优势 建设海洋经济强省——在全省海洋经济工作会议上的讲话[J].浙江经济,2003(16):6-11.

⑤ 李杲,谢晔,陈佳莹,等.钱江奔涌向大洋——习近平总书记在浙江的探索与实践·开放篇[N].浙江日报,2017-10-09(1).

习近平同志提出:"我们要着眼于'虚心学习、主动接轨、真诚合作、互利共赢',以提高区域经济综合实力和国际竞争力为着力点,以市场机制为主导,注重发挥比较优势,以更加积极的姿态,加强与沪苏的经济合作与交流,进一步提高我省的对外开放水平,充分发挥我省在长江三角洲地区应有的作用,共同推进长江三角洲地区经济一体化,努力在互动共进中实现沪苏浙三省市发展的共赢。"[①]

◆◆ 【案例 4-1】

嘉兴设立全面接轨上海示范区

浙江省政府正式批复嘉兴设立浙江省全面接轨上海示范区。嘉兴市将通过打造上海创新政策率先接轨地、上海高端产业协同发展地、上海科创资源重点辐射地、浙沪一体化交通体系枢纽地、浙沪公共服务融合共享地,到 2020 年建成浙江省全面接轨上海示范区,为浙江全面接轨上海提供示范。

作为浙江省接轨上海的"桥头堡",近年来,嘉兴在与上海的产业、文化、旅游、互联网经济及跨区域产业(科技)平台合作等方面都具备了较好的基础和明显的优势。例如,张江长三角科技城一半在平湖,一半在上海金山区,一个园区跨省市,开创了园区合作之先河;上海漕河泾开发区(海宁分区)与商务部上海基地签订了产业园区资源转移共享平台合作共建协议,海宁科技绿洲一期已完成近 90% 的招商任务。嘉兴 19 个省级以上开发区(高新区)中,已有 15 家与上海重点平台签订合作协议。

据悉,"十二五"以来,嘉兴全市接待来自上海的游客 3100 多

---

① 习近平.干在实处,走在前列——推进浙江新发展的思考与实践[M].北京:中共中央党校出版社,2006:108.

万人次；引进上海产业项目 863 个，项目到位资金逾 180 亿元，与上海实施医疗合作项目超过 50 个。

在全面接轨上海的过程中，嘉兴也为上海送去了"菜篮子""米袋子""果盘子"。2016 年底，在浙江（上海）名特优新农产品展销会上，嘉兴展位前挤满了上海市民，嘉兴展团现场销售额超过百万元，同比增长 8.1%。

接轨上海，嘉兴将全面承接上海的产业、资本、人才等资源溢出效应。根据《嘉兴市创建浙江省全面接轨上海示范区实施方案》，嘉兴市将积极打造产业合作大平台，推进省级以上开发区、高新区、服务业集聚区等与上海重点产业平台对接合作，力争实现各县（市、区）与上海产业平台紧密型合作全覆盖。嘉兴还将建立健全项目制、候鸟制、兼职制、组合式等人才柔性流动机制，增强对上海高层次人才的吸引力。

与沪同城，还将释放巨大的民生红利。比如，医疗和健康方面，沪嘉两地将深化医保双向对接，嘉兴市争取纳入上海异地双向刷卡结算首批先行地；交通方面，嘉兴将在年内完成沪嘉两地轨道交通接轨规划方案编制，推动沪乍杭铁路项目尽早实施；嘉兴军民合用机场力争年内具备开工条件。

接下来，嘉兴市将加强对浙江省全面接轨上海示范区建设的组织领导，细化实施方案，明确目标任务，落实工作责任，完善推进机制，全力推进浙江省全面接轨上海示范区建设。省级有关部门将按照各自职责，加强对嘉兴市建设浙江省全面接轨上海示范区的指导和协调，在规划编制、政策实施、项目布局、体制创新等方面给予积极支持，营造良好的政策环境。

案例来源：李婷.发挥近邻优势嘉兴设立浙江省全面接轨上海示范区[N].新民晚报，2017-04-11(12)。

案例简析 >>>

接轨大上海,链接大都市,利用大都市的产业、技术、人才等多重红利,是区域经济追赶型发展的重要模式与国际经验。嘉兴设立浙江省全面接轨上海示范区,打造成为浙江与上海创新政策率先接轨地、高端产业协同发展地、科创资源重点辐射地、一体化交通体系枢纽地、公共服务融合共享地,为浙江全面接轨上海提供示范。浙江省委、省政府持续要求嘉兴争当长三角一体化发展的先锋,打造以一体化发展推动高质量发展的典范。2019年7月,嘉兴把全面融入长三角一体化发展进一步正式确立为高质量发展的首位战略。特别是在接轨上海方面,嘉兴始终坚持"接轨上海就是接轨机遇、接轨发展、接轨国际化和现代化,就是落实国家战略"的理念,通过接轨上海,加快融入长三角一体化发展。

第二节　开拓国内大市场

2000年1月,国务院正式成立西部地区开发领导小组,我国由此开展了具有里程碑意义的西部大开发战略,标志着21世纪我国对西部地区发展的重新定位。西部大开发战略的提出为浙江在21世纪实现高水平、全方位对内对外开放发展提供了巨大机遇。在向东接轨上海、参与长三角一体化的同时,浙江向西参与中西部对口帮扶合作,向北参与振兴东北地区等老工业基地,在更为广阔的空间内实现更大的发展。浙江开放发展呈现"东西双向开放"的崭新格局。

一、浙商开拓国内市场的历史基础

由于浙江受到人多地少自然地理环境的限制,并且在传统经商思潮的广泛影响下,浙江企业家到省外经营、投资开拓市场具有深刻的地理、资源与历史背景。改革开放以前,虽然人口跨区域流动很少,但仍有一大批浙江人在全国各地特别是偏远的中西部地区务工。改革开放后至2000年,浙江企业到省外的发展大致分为两个阶段。

第一个阶段是从改革开放到20世纪90年代初期,浙江企业开始向省外其他地区进行市场开拓与投资活动,但数量少、金额小、产业结构上多集中于营销与资源简单加工。

第二个阶段是20世纪90年代初到2000年,在这一阶段,浙江企业省外的投资规模不断扩大,浙商逐渐遍布全国各地,"温州街""浙江村"也在各地相继出现。到了20世纪90年代末,浙商大量进入上海和江苏等东部发达地区。浙江企业进入上海后,根据上海当地的区位和政策优势,以专业市场为突破口,建立了五金、鞋业、配件等市场,并且建立了产业中心和研发创新基地。

但截至21世纪初期,浙江企业对外投资主要是以市场占用为目的的拓展性经营,如在当地建立销售网点、设立市场以及进行简单加工型投资,投资主体以个体工商户、中小企业为主。

二、国家战略与开拓国内大市场新阶段

2000年1月,随着国务院西部地区开发领导小组的成立,西部大开发战略由此正式展开,浙江对国内投资面临新的战略机遇期。西部地区包括重庆、四川、贵州、云南、西藏、陕西、甘肃、青海、宁夏、新疆、内蒙古、广西等12个省区市。西部地区面积十分庞大,陆地面积为685万平方千米,占全国陆地总面积的71.4%。但是,一个时期以来西部地区生产总值占全国比例仅为五分之一左右。一直以来,西部地区在发展中处于一个相对落后的地位,但凭借着充裕的自然资源禀赋存在很大的发展潜力。对于自然资源匮乏而民间资本充裕的浙江而言,又该如何参与西部大开发,实现浙江与西部地区的互利共赢呢?

为深入贯彻党中央关于实施西部大开发的重大战略决策,2004年5月13日至23日,习近平同志率领浙江省党政代表赴四川、重庆、湖北等地学习考察。正是看到西部地区存在的巨大发展机遇与空间,在结束考察几个月后,2004年10月29日,习近平同志在全省对口支援和国内合作交流工作会议上,明确提出要"立足全局发展浙江,跳出浙江发展浙江"①。随后,浙江民营企业"走出去"投资创业步伐显著加快,迅速构成独特的"浙江人经济"现象。

"走出去"就会有更多的发展机会。浙江的优势包括市场机制、企业家精神和丰裕的民间资本。跳出浙江,这些优势将组合出更大的发展优势,取得更大的发展机会。习近平同志给浙江绘制了"走出去"的蓝图:"我们的企业走出去,主动接轨上海、主动参与西部大开发和东北地区等老工业基地改造,主动参与国际市场的竞争,在省外、国外建设我们的粮食基地、能源原材料基地和生产加工基地,并非资金外流、企业外迁,这是在更大的范围配置资源、在更大的空间实现更大发展的需要,是'跳出浙江发展浙江、立足全国发展浙江'的需要。"②所以,民营企业要扩张、要"走出去",是市场经济规律使然。

为积极利用好这一市场经济规律,真正做到"走出去"为浙江经济发展所用,"走出去"和发展壮大本土经济,这两者要做到有机结合、相互促进。为了响应中央提出的西部大开发战略,即东部带

---

① 李昆,谢晔,陈佳莹,等.钱江奔涌向大洋——习近平总书记在浙江的探索与实践·开放篇[N].浙江日报,2017-10-09(1).

② 习近平.之江新语[M].杭州:浙江人民出版社,2007:72.

动西部实现区域平衡发展的战略,浙商"走出去"是顺应大势,一方面是顺应大国发展的客观需要,响应中央的号召;另一方面,浙江的民间资本丰裕,投入资本稀缺的中西部,带动当地的发展,树立了浙江的良好形象。这是一个双赢的战略,最终的好处还是有利于浙江的本土经济发展。

在"跳出浙江发展浙江"战略理念的指引下,浙江企业借助西部大开发、东北地区等老工业基地振兴的国家战略,在全国投资运营掀起新浪潮。根据 2009 浙江上市公司省外投资数据,省内规模以上工业企业对省外投资的总额 2009 年累计达到约 2500 亿元。[①]这一阶段,浙商在更大范围、更高层次和更广领域参与国内经济技术合作,实现了较快的发展。截至 2011 年底,省外浙商累计投资情况见表 4-1。

表 4-1 截至 2011 年底省外浙商累计投资情况

投资情况	东部 9 省市	西部 11 省区市	中部 6 省	东北 3 省
浙商人数/万人	271	211	135	43
浙商企业/万家	10.27	8.40	9.81	1.86
浙商投资额/亿元	1.50	1.15	1.58	0.31

数据来源:浙江省委政研室,浙江省经合办.2011 年度省外浙商发展报告[J].政策瞭望,2013(1):39-41.

浙商在跳出浙江、发展浙江中,不仅延伸了浙江产业链,推动浙江产业的梯度转移,还促进了资源要素的合理流动和优化配置,为国家区域统筹发展作出了贡献。

---

① 卓勇良,姚蕾.浙江上市公司对省外投资研究[J].浙江树人大学学报(人文社会科学版),2011(1):46-51.

三、开拓国内大市场的浙江实践经验

浙江企业积极参与西部大开发、东北地区等老工业基地振兴的国家战略,有力地开拓了国内大市场,逐步形成了"政府引导、企业主体、市场运作、互利双赢"的"浙江模式"。

政府的积极推动为浙江企业参与国内大市场创造了良好条件。浙江着力强化引导、支持企业参与西部开发的多元化机制。一是搭建省份间政府层面联合协调机制,通过建立省份间政府层面联合协调会议制度,共同协调在实施过程中出现的问题,努力提高经济合作的成效。二是企业联合会(商会)的管理服务机制。按照"双重领导、属地为主"的原则,相继在除西藏外的西部省份建立了在外浙江企业联合会(商会),努力使之成为浙江与西部地区经济合作的桥梁、当地政府和浙江企业联系的纽带。三是政策激励机制。在项目立项、财政贴息、投资协调、信息咨询、人事关系、社会保险等方面出台了一系列支持企业参与西部开发的制度和办法。四是搭建合作交流的服务平台。"十一五"时期,浙江先后组织多个经贸代表团到中西部地区开展项目合作和经贸洽谈活动,与西部省份签订大量合作项目,带动了一大批企业"西进"。组织企业参加"西洽会""西部博览会""东盟博览会"等大型展会,以展示形象、拓展市场、促进交流、扩大合作。2003—2007 年,仅通过"西洽会"就签订合作项目 177 个,投资总额达 163.04 亿元。[①]

民营企业在开拓国内大市场中始终处于主体地位,在市场化配置资源导向下,形成了四种主要路径。一是利用异地资源。西

[①] 邹毓喆,陈敏.浅析浙江参与西部大开发的模式[J].经济论坛,2010(11):106-108.

部有较为丰富的资源,如矿产、农业、能源等,是浙江企业重要的原材料来源地。如浙江水晶厂在内蒙古、云南、陕西等地合资或承包10余家水晶生产企业,浙江玻璃公司在青海投资控股180万吨纯碱工业基地,浙江卡森集团在甘肃、新疆等地投资建设皮革生产企业,浙江云森集团在新疆建立棉花生产基地,效益均十分看好。二是实施资本经营。浙江一些大企业通过兼并收购当地企业,实现企业的快速扩张。如娃哈哈集团、纳爱斯公司、华立集团在四川、重庆、云南等地兼并和控股部分企业,并建设生产基地,既使自身的资本实力大大提升,也使被兼并和控股企业得到了较好发展。三是创办专业市场。可以说哪里有市场,哪里就有浙江人;哪里有浙江人,哪里就有市场。如温州人在昆明、成都等省会城市和大中城市创办温州商贸城、温州商业街,义乌人在西部部分省份创办大型商贸市场,都已形成了一定的规模。四是参与城市开发,充分发挥浙江作为"建筑之乡""百工之乡"的优势,凭借着机制优势、灵活经营、勇于开拓,积极参与西部的城市建设和房地产开发。如浙江绿城集团、中大集团、金成集团投资开发西部市政建设、旧城改造和房地产项目,已成为当地城建开发的重要力量。

◆◆【案例 4-2】

风雨同舟浙江情

"让西部地区的产业壮大起来,让受援地的百姓富裕起来。"这是浙江对口支援的首要目标,也是中央对浙江寄予的期望。浙江省委、省政府认识到,要从根本上改变受援地贫穷落后面貌,光靠送钱送物是不行的,增强当地的"造血"功能,帮助培育壮大产业,才是治本之策。在新疆、在四川、在青海,各受援地的浙江援建指挥部都把兴建浙江产业园放在了重要位置,以此为平台,招商引资。

浙江援疆指挥部按照"一园多区、多区联动"的建设思路,勾画出总体开发面积20平方千米的阿克苏浙江产业园,由南园、西园和浙江台州产业园三个区块组成。为此,浙江省在中央计划外,额外增加3亿元援助资金,专门用于浙江产业园的基础设施建设。如今,浙江企业与该产业园达成合作项目28个,协议资金160亿元,实际到位资金21.89亿元。浙江能源、华孚集团等20家浙江企业已先期入驻产业园。

隶属广元的青川县是汶川地震后余震最多的地区,这里大山连着大山,地质灾害频繁,连建房子的平地都难找,建设工业园区更是无地可用。援建指挥部绞尽脑汁,研究了一个"飞地工业园"的办法,在广元市城区建设"川浙合作产业园",利税60%划归青川,可解决5000多人的就业问题。在广袤的柴达木盆地上,青海省柴达木浙江工业园规划编制业已完成。2012年6月12日,"柴达木浙江工业园格尔木区"正式在格尔木市昆仑经济开发区挂牌运行,为引进浙商,构建互利共赢的产业合作提供了广阔空间。

要让西部地区的广大农牧民增收致富,必须找到适合当地发展的农牧业开发项目。浙江的援建干部思考着、寻找着……宁波市扶贫办为贵州省雷山县找到了一种叫作"雷山杨梅"的致富果,让果农每户至少增加2万元收入。"雷山杨梅",脱胎于慈溪,扬名在贵州。近10年来,每到5月中下旬,在去雷山县的路上,你就可以看到连片的杨梅林硕果累累,紫里透红。果农们沿路摆放,迎车叫卖。该县5200亩的杨梅林,其种苗全部由宁波市扶贫办和慈溪市政府无偿提供。火红的夏季,海西特产枸杞迎来丰收季。看着一串串饱满红润的枸杞,海西州德令哈市尕海镇上 52 个低保户笑逐颜开,浙江人推广的"种植—培育—捐赠"扶贫模式,让他们有了好收成:"只投工,不投钱,种植枸杞让我们每户每年增加 6000 元收入。""东西扶贫协作中,我省产业帮扶的事例举不胜举。"省经合办对口支援处处长叶建军说,如金华市为四川南充市西充县引进农业龙头企业李子园乳品公司,吸纳农村剩余劳动力 1500 余人,人均增收 3000 元以上。台州市为广元苍溪县引进农业龙头企业广益食品公司,带动 22 个乡镇建立罐藏原料基地 1 万亩,带动全县 8700 余农户走上农业产业化路子……

案例来源:叶慧.风雨同舟浙江情——浙江对口支援西部地区发展纪实[J].今日浙江,2012(18):10-13.

案例简析 >>>

浙江企业在"立足全局发展浙江,跳出浙江发展浙江"理念的指引下,积极参与西部大开发、东北地区等老工业基地振兴的国家战略,有力开拓了国内大市场。浙商在跳出浙江、发展浙江中,不仅延伸了产业链,推动浙江产业的梯度转移,还促进了浙江与西部地区资源要素的合理流动和优化配置,在对口支援中为浙江自身发展、东西部区域统筹发展作出了贡献。

◆ 本章小结

"跳出浙江发展浙江",是 21 世纪初期浙江对内对外开放战略的关键内容。而主动接轨上海、积极参与长三角合作与交流,是"跳出浙江发展浙江"的关键一步,也为当前长三角高质量一体化发展战略打下了历史基础、制度基础和组织基础。本章从"树立主动接轨上海、融入长三角的发展理念""全面接轨上海、参与长三角合作""发挥优势、实现共赢"三个方面,对习近平同志关于长三角合作有关论述进行了系统梳理与理论阐释。浙江在深化长三角合作的同时,还向西参与中西部对口帮扶合作,向北参与东北地区等老工业基地振兴,形成"东西双向开放"的崭新格局。浙江主动深入推进长三角合作、参与西部大开发与振兴东北地区等老工业基地的历史过程,实际上形成了当前发展国内大市场、促进国内大循环的早期实践。

◆◆ **思考题**

1. 主动接轨上海,是 21 世纪初期浙江对内对外开放战略中十分关键的一招。接轨上海,就是接轨机遇,就是接轨发展,就是接轨国际化和现代化。对于发展中城市而言,接轨大都市可能存在的正面和潜在的负面效应分别有哪些? 如何更好地发挥正面效应?

2. 20 世纪 90 年代后期,浙江企业、浙江资本大量走出省外,开拓国内大市场,这可能造成省内产业空心化的潜在风险,如何看待这一现象?

◆◆ **拓展阅读**

1. 中央党校采访实录编辑室. 习近平在浙江(下册)[M]. 北京:中共中央党校出版社,2021.

2. 浙江省中国特色社会主义理论体系研究中心. 从"腾笼换鸟、凤凰涅槃"到高质量发展[N]. 浙江日报,2018-07-19(5).

3. 浙江省中国特色社会主义理论体系研究中心. 从山海协作、城乡统筹到实施区域协调发展战略[N]. 浙江日报,2018-07-20(5).

4. 李杲,谢晔,陈佳莹,等. 钱江奔涌向大洋——习近平总书记在浙江的探索与实践·开放篇[N]. 浙江日报,2017-10-09(1).

5. 江小涓. 新中国对外开放 70 年:赋能增长与改革[J]. 管理

世界,2019(12):1-16.

6.李磊,冼国明,包群."引进来"是否促进了"走出去"? ——外商投资对中国企业对外直接投资的影响[J].经济研究,2018(3):142-156.

不能仅仅局限在十万一千八百平方公里区域面积上做文章,必须跳出浙江发展浙江,在大力引进各种要素的同时打到省外去、国外去,利用外部资源、外部市场实现更大的发展。

——摘自《在更大的空间内实现更大发展》(2004 年 8 月 10 日)[①]

只有"跳出去",才能天高地阔,获取更大的发展空间;只有"走出去",才能任尔翱翔,激发更为持续的发展动力。

——摘自习近平同志在皖浙两省经济合作与发展座谈会上的讲话(2005 年 5 月 27 日)[②]

第五章 跳出浙江发展浙江Ⅱ:开拓全球大市场

◆◆ **本章要点**

1."地瓜理论"生动阐释了浙商"走出去"的哲学:地瓜的藤蔓向四面八方延伸,为的是汲取更多的阳光、雨露和养分,但它的块茎始终是在根基部,藤蔓的延伸扩张最终为的是块茎能长得更加粗壮硕大。[③]

2. 根据国际经验,一个国家或地区的经济国际化发展过程存在客观规律性。这种规律性表现为,国际化通常要经历若干个发展阶段:商品交换国际化阶段→资本国际化阶段→生产投资国际

---

① 习近平.之江新语[M].杭州:浙江人民出版社,2007:72.

② 浙江省中国特色社会主义理论体系研究中心.从"腾笼换鸟、凤凰涅槃"到高质量发展[N].浙江日报,2018-07-19(5).

③ 习近平.之江新语[M].杭州:浙江人民出版社,2007:72.

化(企业国际化)阶段→产业国际化(产业结构国际化和产业链国际布局)阶段→生产要素配置国际化阶段→经济政策法规国际化、一体化阶段。浙江"走出去"建设"海外浙江"的独特历史背景,符合经济国际化发展的客观规律。

第一节 "走出去"发展:从历史探索到战略主动

一、"走出去"的地域文化基因与历史积累

浓郁的海洋文化和海商文化土壤孕育了浙商"走出去"发展的经商传统。与闽南、潮汕等地类似,温州人长期具有"走出去"创业的内生激励与传统;台州"山魂海魄"的人文精神,也蕴含着台州居民经略海洋、向海图强的文化基因;义乌民间则有句俗话,叫"天上有金子掉下来,也要自己走出去捡"。以上简单形象地反映了浙江人思维中"走出去"谋发展的文化基因与历史积累。

到 1979 年,在改革开放方针的指引下,国务院发文提出 15 项经济改革措施,浙江境外投资随之启动,浙江省政府于 1986 年在香港设立第一家境外企业——富春公司。基于改革开放政策环境的大调整,浙江一些长期从事进出口业务的专业外贸公司、具有对外经济合作经验的企业开始尝试"走出去",到境外直接投资。1988 年,国务院发出《关于进一步扩大沿海经济开放区范围的通知》,决定适当扩大沿海经济开放区,其中包括杭州等三个省会城市。这一时期,浙江许多大型企业开始陆续"走出去",寻找发展机遇,并积极参与国际竞争,这时企业的对外投资规模有所扩大。到1995 年,浙江全年对外直接投资 1217 万美元,折合人民币 1.02 亿

元，对外直接投资首次突破亿元大关。①

　　1999 年，浙江进一步加大实施"走出去"战略力度，推动制造业等优势产业到境外投资，积极开展加工贸易；推动省内商品专业市场到境外设立分市场，开展跨境经营。在对外直接投资主体上，从以往的以国有、集体企业为主，转为以私营企业为重点推动对象。这一思路调整，使浙江的对外直接投资开始走上快速发展的轨道。到 2000 年，浙江省新审批对外直接投资项目从以前每年的十几个，一跃上升到了 100 个，投资目的地已覆盖日本、泰国、印尼、德国、美国、中国香港等多个国家和地区②，投资合作产业领域包括贸易、工业、资源开发等。

　　浙江企业"走出去"经历了从 20 世纪 80 年代的外经贸部门主导、国有企业为主体转向 20 世纪 90 年代民营企业活跃参与的历史转变过程。"敢为天下先"的浙江民营企业，在国内大市场完成资本、技术、人才和经验的积累后，已普遍认识到只有进一步参与国际分工，才能开拓发展空间，为更高水平的扩大开放完成资本、技术、经验等要素储备。

二、转向战略主动"走出去"

　　进入 21 世纪初期，浙江开放型经济发展面临的内外部环境发生了阶段性与结构性的重大变化，为浙江新阶段"走出去"战略升级提供了新的历史契机，主要分为两个方面。

　　第一，世界经济从 1997 年亚洲金融危机后复苏，进入相对稳

---

　　①　黄先海,叶建亮,等.内源主导型:浙江的开放模式[M].杭州:浙江大学出版社,2008:163.

　　②　黄先海,叶建亮,等.内源主导型:浙江的开放模式[M].杭州:浙江大学出版社,2008:162-165.

定发展的轨道。2000年以来,新技术特别是信息技术的运用,使世界各国经济的依赖性增强,也加快了世界性的产业升级与产业调整。而中国经过20多年的快速发展,平面拓展型的消费市场空间已逐渐饱和,浙江企业的生产能力与供给侧出现压力,产业结构面临着重大调整。因此,积极发展对外直接投资,加入全球资源配置系统,成为开拓国际市场、扩大出口的一条战略选择路径。

第二,中国成功加入WTO。中国于2001年12月11日正式成为世界贸易组织成员,标志着中国对外开放进入了一个新的阶段,包括浙江企业在内的我国企业"走出去"投资、合作面临的国际经贸环境发生了历史性变革。

上述两个方面的重大变化,为浙江新阶段"走出去"战略升级提供了新的历史性外部条件。从内部来看,浙江人均GDP在2002年超过2000美元。① 根据钱纳里(Chenery)、邓宁(Dunning)等国际经济学者对多个国家的实证研究结果,人均GDP在1100~2500美元阶段,是进出口、吸收外资和对外投资迅速扩张的阶段,地区对外投资不断增长。

浙江省政府敏锐意识到对外投资与合作的新窗口已经打开,鼓励对外投资合作的政策体系开始形成。2002年,习近平同志提出:"我们要以战略的思维、开阔的视野、务实的态度,鼓励浙江人走出去投资创业,同时积极创造良好的发展环境,吸引国内外企业来浙投资,吸引在外企业回来投资。"②2003年,浙江省委在十一届四次全体(扩大)会议上提出"八八战略",强调要"加大引进外资的

① 浙江省历年人均GDP(1978—2021年)[EB/OL].(2022-09-27)[2023-07-13].https://m.shujujidi.com/caijing/535.html.

② 习近平.之江新语[M].杭州:浙江人民出版社,2007:125.

力度,充分利用国际国内两个市场、两种资源,以更高水平的开放带动更高层次的发展"①。

习近平同志关于"走出去"利用两个市场、两种资源的战略性论述,是对 21 世纪初期战略机遇、浙江企业家优势、本地资源劣势、寻求外部资源和市场趋势规律等多方位要素的充分把握,为 21 世纪初期的浙江开放型经济发展提供了基于一般规律的强大战略导向。2004 年 4 月,浙江省委、省政府出台《关于进一步扩大开放的若干意见》,鲜明提出要实现从"外贸大省"向"开放大省"的跨越,充分发挥浙江省加工能力强、商品市场发达、民营资本丰厚、经营人才较丰富的优势,积极支持企业和专业市场"走出去",拓展国际市场,开展产业的跨国扩张。认真落实各项鼓励"走出去"的政策,简化境外投资项目、外经贸人员出国(境)的审批。认真落实"走出去"企业的境外税收抵免措施,解决境外投资的双重税收问题。以此逐渐构建起系统化的政策支持与服务体系,创造"走出去"的比较优势。

三、"走出去"主体跃升至全国第一

基于"跳出浙江发展浙江""走出去"的战略指引和相应政策环境的优化支持,浙江经济充分把握住了全球化战略趋势、企业家及资本充裕优势,企业和专业市场开展境外扩张的步伐加快,层次和水平全面迅速提高,企业"走出去"的数量大幅增长。2002 年浙江境外企业项目仅有 226 项,2005 年迅速突破性地达到 435 项,并在 2008 年国际金融危机爆发之前,年均保持在 400 项以上。万向集

---

① 习近平.干在实处 走在前列——推进浙江新发展的思考与实践[M].北京:中共中央党校出版社,2006:71.

团、吉利集团、雅戈尔集团等一批具有全球影响力的跨国经营企业均在这个阶段迅速全球化,建立了广泛的海外营销网络,浙江企业经营、生产、研发和资源利用的国际化水平,在规模和质量上均出现巨大进步。

◆◆◆【案例 5-1】

浙江第一次召开全省对外开放工作会议

2004 年 3 月 19 日,浙江省第一次召开全省对外开放工作会议。习近平同志在会上作出重要讲话,明确提出要"坚持对外和对内开放相结合,全面提高开放水平。统筹国内发展和对外开放,这是中央从国内外发展大局出发,针对我国发展的新形势新任务向全党提出的一个重要要求。我们必须遵循市场经济规律,接轨世贸组织规则,充分利用国内外两种资源,努力开拓国内外两个市场,加快内外贸一体化进程,把我省的开放提高到一个新的水平"[①]。"积极走出去是为了更广泛地开拓国际市场。我们要继续做好'引进来'的同时,支持企业走出去,鼓励扩大外贸出口,加强国际经济技术合作,让企业到世界经济舞台上去施展身手,到国际市场上去参与竞争"[②]。

会后一个月,浙江省委、省政府出台《关于进一步扩大开放的若干意见》(以下简称《意见》),提出了努力实现从"外贸大省"向"开放大省"的跨越。《意见》明确提出要"充分发挥我省加工能力

---

① 习近平.干在实处 走在前列——推进浙江新发展的思考与实践[M].北京:中共中央党校出版社,2006:105.

② 习近平.干在实处 走在前列——推进浙江新发展的思考与实践[M].北京:中共中央党校出版社,2006:106.

强、商品市场发达、民营资本丰厚、经营人才较丰富的优势,积极支持企业和专业市场'走出去',拓展国际市场,开展产业的跨国扩张"①。

案例简析 >>>

习近平同志关于"走出去"利用两个市场、两种资源的战略论述,是对 21 世纪初期战略机遇、浙江企业家优势、本地资源劣势、寻求外部资源和市场趋势规律等多方位要素的充分把握,为 21 世纪初期浙江开放型经济发展提供了基于一般规律的强大战略指引。2004 年 4 月,浙江省委、省政府出台《关于进一步扩大开放的若干意见》,鲜明提出要实现从"外贸大省"向"开放大省"的跨越,充分发挥浙江加工能力强、商品市场发达、民营资本丰厚、经营人才较丰富的优势,积极支持企业和专业市场"走出去",拓展国际市场,开展产业的跨国扩张,逐渐构建形成系统化的政策支持与服务体系。这有力支撑了 2001 年我国加入 WTO 初期浙江在较短时间内创造"走出去"的比较优势。

第二节 贸易网络全球化:抱团出海

基于专业市场发达的优势,浙江出台一系列举措,支持企业建立境外营销网络,发展跨境连锁经营,形成具有浙江产业特点的境外营销网络。建立境外营销网络成为浙江中小企业集群式"走出去"的最初模式与典型特征。

---

① 中共浙江省委、浙江省人民政府关于进一步扩大开放的若干意见[J].浙江政报,2004(19):17-20.

一、区域经济开放的一般规律与浙江的优势条件

从改革开放到 21 世纪初期，浙江已实现了从资源小省向经济大省的转变，但浙江人口多、耕地少、自然资源缺乏的状况依然存在，浙江经济进一步发展过程中面临着资源短缺和资源区域内配置的局限性、市场拓展空间的局限性、产业结构区域内调整升级的局限性以及中小企业发展壮大的局限性。以全球视野考虑浙江市场拓展和产业结构转移调整的空间，在商品全球化的基础上，逐步推进资本全球化、企业全球化、产业全球化和生产要素流动配置的全球化，成为浙江经济持续发展的战略路径。

境外营销网络是企业通过建立地区性营销中心、并购境外销售渠道、开设品牌连锁店、设立售后服务站等多种方式，建立起的跨境从事市场营销和服务的市场拓展体系，是企业扩大产品市场份额、提升企业品牌知名度、增强国际竞争力的有效途径。[①]

浙江专业市场优势为营销网络全球化提供了坚实条件。至 21 世纪初期，经过改革开放 20 余年，浙江已形成了一大批市场和产业互为依托的一县一业、一镇一品的特色行业和产品，宁波服装、温州皮鞋、绍兴化纤面料、海宁皮革、永康小五金、新昌制药等都已形成较大规模的专业化产销基地，区域特色经济、块状经济、专业市场发展迅速，为营销网络全球化积累了技术、资本与网络经验。到 2001 年，浙江已有各类商品专业市场 4278 个，成交额 4652 亿元，其中年成交额超过 10 亿元的市场有 78 个。[②] 依托专业市场，抱团"走出去"建立境外营销网络，成为 21 世纪初期浙

---

① 阮刚辉.浙江要加快建设境外营销网络[J].浙江经济,2009(16):16-17.
② 2001 年浙江省国民经济和社会发展的统计公报[EB/OL].(2002-03-07)[2023-07-11].http://tjj.zj.gov.cn/art/2020/6/19/art_1229129205_519744.html.

江大量民营企业"走出去"实施境外投资的主要方式、主要环节与首要选择。

二、鼓励开拓境外营销网络政策体系

依托长期以来专业市场发达的优势,鼓励营销网络全球化成为浙江开放战略的重要组成部分。浙江省委、省政府于 2004 年 4 月出台的《关于进一步扩大开放的若干意见》中,明确指出积极支持企业和专业市场"走出去",支持省内大型专业市场到境外创办分市场,扩大市场辐射面。面对 2008 年国际金融危机,围绕"标本兼治、保稳促调"的主线,浙江将构建境外营销网络、建设境外经贸合作区作为"走出去"的重点之一。2009 年,浙江省商务厅制定的《全省开放型经济十大专项行动计划》中,"建立境外营销网络专项行动方案"就是其中之一。彼时,商务部、财政部出台专项扶持政策,重点用于企业开拓国际市场、建立境外营销网络、促进出口结构调整等方面。浙江省商务厅根据商务部颁布的《境外投资管理办法》,进一步简化了对外投资企业的核准程序,落实企业的投资决策权。同时,围绕重点企业、重点市场、重点品牌的培育,强化引导服务,进一步完善了浙江省的扶持政策和实施办法,落实支持项目。

为了促进企业更好地"走出去",2010 年,浙江省商务厅出台了《浙江省加快境外营销网络建设的实施办法》,该办法明确强调了建立境外营销网络在企业"走出去"中的地位,同时也界定了境外营销网络的形式,并确定了浙江推动企业发展境外营销网络的目标和方向。根据这一办法,浙江将按照"信息灵敏、物流畅通、网络巩固"的要求,推动企业着力建设中心—渠道—市场的格局,进一步增强产品在全球市场销售的主动权和定价权。而浙江省各级商务部门将在审批业务办理,专项资金申报,政策、风险情况通报等方面给予相关企业重点支持。

三、浙江营销网络全球化实践:模式与成效

在"跳出浙江发展浙江"战略指引下,浙江广大自营出口企业、外贸企业、三资企业和具备国际竞争力的私营企业,不断加快到全球范围开设贸易型分公司或专卖店的步伐,积极发展境外营销网络体系,反过来又扩大了省内商品的出口,提高了商品的境外市场占有率。在境外营销网络发展的基础上,企业的经营方式逐步从定牌生产和来样加工向创立浙江企业自己的全球品牌转变,提高浙江产品和浙江企业在全球的知名度,为中长期的企业全球化和产业全球化积累无形资产,为大规模推进生产全球化打好市场营销体系基础。浙江企业投资的境外营销网络机构数量处于全国首位。

企业通过建立境外营销网络,一是能准确及时地掌握当地市场的动态,收集更多的境外消费者需求信息,为产品开发和市场定位提供导向功能;二是直接与客户面对面交流,省略了中间环节,对改进产品、提升公司形象和服务档次发挥了重要作用;三是通过境外营销平台接单,企业摒弃了那种只顾与同行竞争、低价竞销的恶性循环方式,积极构筑和完善了自己的增值体系和销售服务。

对外投资营销网络,对浙江经济产生了显著的贸易反向创造效应。例如,巨石集团从 2005 年设立第一家境外营销机构以来,短短数年间,就在全球设立了 14 家境外营销机构、2 家生产型企业,境外营销机构为巨石集团的外贸出口发挥了重要作用。2011年,巨石集团境外营销机构的销售额近 2.4 亿美元,占公司外贸出口的 78%,占公司总销售额的 30% 以上。企业规模也因境外营销

机构的带动而快速壮大,2005 年公司玻纤产能仅 20 万吨,居世界第 5 位,而到 2011 年玻纤产能已超过 90 万吨,成为全球最大的玻纤企业。[①] 根据浙江省商务厅 2009 年对 40 家境内重点企业在外设立的 124 家境外销售机构的不完全统计,平均一家境外销售网络机构能够拉动 557 万美元的出口贸易。[②] 2015 年 1—9 月,对 1042 家境外营销网络建设重点企业的调查数据显示,境外营销网络带动出口占同期浙江省出口总额的 14.8%,拉动全省出口增长 2.1 个百分点。[③]

　　基于市场主体行为特征,浙江企业开拓境外营销网络的模式可划分为两大类。

　　第一类,适用于中大型企业的自主建构型境外营销网络。该模式一般适用于资本、技术、品牌实力强大的中大型企业。大型企业一般通过自主建设子公司、打造境外子品牌等方式建立境外营销网络。例如,宁波市富盾制式服装有限公司通过建立境外营销机构,促进了产品出口。2005 年,该公司投资 29 万美元在阿联酋设立了经纬国际贸易有限公司,2006 年又投资 10 万美元在阿联酋设立了仓储公司,主要经营服装接单、售后服务、贸易咨询等。该公司 2007 年对中东市场的出口比上一年增长了 69%,2008 年在国际金融危机的影响下仍然增长了 58%。浙江广博集团股份有限公司通过在境外创立自主品牌,开拓境外市场。广博集团已在全球 30 多个国家和地区注册了"广博"商标,在美国、中国香港、阿联

---

　　① 胡兴远.看浙江如何建设境外营销网络[N].国际商报,2012-08-20(A03).

　　② 冯源.金融危机下浙江企业"走出去"创历史最好水平[EB/OL].(2009-12-22)[2024-03-20].http://finance.sina.com.cn/roll/20091222/14317138707.shtml? from=wap.

　　③ 骆亚婷.浙江外贸现"止跌回暖"迹象[EB/OL].(2015-08-11)[2023-07-26].https://finance.china.com.cn/roll/20150811/3283870.shtml.

酋设有 3 家营销公司,在欧洲、东南亚、北美、中东等地区有近 20 家总代理或授权总经销商,与世界 500 强企业 Staples、迪士尼等全球文具供应商都有稳定的合作。广博集团的出口产品价格比境内同类其他产品要高出 15%~35%,但外销依然很好。2008 年公司营业收入达到 8.7 亿元,同比增长 4.78%。[①]

第二类,适用于中小企业的境外专业市场平台依托型营销网络。自 1998 年浙江中华商城有限公司在巴西独资创办境外商城后,建立境外专业市场成为浙江中小企业集群式"走出去"的最初模式,是浙江"走出去"的特色内容,已成为浙江企业建立境外营销网络、开拓境外市场的重要平台。境内专业市场经营的企业主体普遍偏小,具有"轻、小、集、加"的特点,在境内市场中具有独特的优势和活力,但在靠技术、资本和规模支撑的境外市场竞争中则将面临严峻的挑战,并且面临法律、文化、环境等多重风险。浙江企业先后在喀麦隆、俄罗斯、荷兰、阿联酋、美国、蒙古国、英国、智利、芬兰等国家建立了 15 个境外商品城,带动近 500 家企业"走出去"。浙江省政府大力推动境外营销网络建设,不断创新形式,如建设境外浙江品牌展示(贸易)中心,推动企业集群式"走出去",促进名特优新产品以更高附加值抢占境外市场,同时推动浙江境外商品城的转型发展,发挥和借鉴义乌、绍兴国际商贸市场建设、运营的优势和经验,转换经营模式、提高商品档次,努力形成浙江产品的全球分销中心。[②]

---

① 阮刚辉.浙江要加快建设境外营销网络[J].浙江经济,2009(16):16-17.
② 赵建华.浙江企业集群式"走出去"现状和对策研究[J].对外经贸实务,2011(8):30-33.

◆◆◆【案例5-2】

"义乌市场"空降莫斯科

2011年8月,由浙江世丰投资有限公司(以下简称"世丰投资")合作投资开发的"莫斯科—义乌国际商贸中心"获浙江省相关部门批准,并在莫斯科市完成登记注册。这意味着,在俄罗斯莫斯科市城郊的德米得罗夫斯基大街上,将会出现一座莫斯科版的"义乌市场",而凭借俄罗斯海关提供的"绿色通关"措施,这里也有望让在俄浙商彻底告别"灰色清关"之痛。

犹如"招牌"所显示的那样,"莫斯科—义乌国际商贸中心"是一个典型的中俄"混血儿"。资料显示,2011年4月,浙江世丰投资有限公司与俄罗斯塔希尔集团签署该中心的合资协议,其中,世丰投资拥有25%的股权,俄方拥有75%的股权,总投资预计将达到5亿美元。中方投资者世丰投资注册地就在义乌,董事长孙金献从事对俄贸易已有十几年。俄方投资者隶属于俄罗斯大型综合企业之一的塔希尔集团公司,莫斯科市政府控股后者40%。

市场一期规划总建筑面积8万多平方米,设商铺1500余间,并配套海关监管仓库、仓储、俄内陆配送专线、公寓宿舍楼及大型停车场,主要面向针纺织品、文体用品、家居饰品、化妆品等行业招商,均为浙江对俄贸易的优势产品。中心二期也已做好规划,建筑面积35万平方米,有商铺4000多间。项目在成功运营后,将至少吸引国内1000多家企业入驻,年营业额预计将达100亿美元以上。

俄罗斯海关总署给予了该中心"绿色通道"的优惠措施,这是俄罗斯海关历史上第二次实施"绿色通道"措施。在这些措施中,其中有一条是:中心的商品货柜在事先提交并完全符合俄罗斯海关文件要求的前提下,到达俄罗斯境内后不查验就可直接放行。而以往中方货物在俄港口停放十天半个月等待通关都属正常。同时,"对中心的所有货物,俄罗斯海关将按照其国内出口申报的价格来核算关税,不再以俄海关系统内的最低限价来核算关税",由于俄方最低限价往往按照欧洲价格核定,这显然意味着通关成本的大幅降低。

案例来源:刘刚.对俄贸易有望告别"灰色清关" "义乌市场"空降莫斯科[N].浙江日报,2011-08-04(10).

案例简析 >>>

"莫斯科—义乌国际商贸中心"项目由浙江世丰投资有限公司和俄罗斯塔希尔集团共同投资建设,充分借鉴义乌国际小商品城多年积累的成熟商贸经营方式,通过建立完善的配套服务和设施,为浙江乃至中国中小企业和商户"走出去"开拓俄罗斯和其他独联体国家市场提供了安全、快捷、低成本的国际经营平台。这是浙江省政府大力推动境外营销网络建设,不断创新形式,推动企业集群式"走出去"抢占境外市场的经典缩影。该项目在2012年中俄贸易与投资促进会上被列为中俄经贸合作重点支持项目,在高层双边会谈中得到诸多关注和支持。

第三节　生产体系全球化:从"产地销"到"销地产"

在我国加入 WTO 前,浙江大多数企业尚未发展成为跨国公司,小型跨国公司的雏形也还未形成,但万向集团等龙头跨国企业的成功开展,对浙江民营中小企业"走出去"部署生产网络产生了示范效应。在加入 WTO 带来的大环境变化以及"跳出浙江发展浙江"战略指引下,浙江企业在较短时期内形成了"走出去"的新的比较优势,开放型经济的层次、质量与格局实现巨大提升。

一、从"产地销"到"销地产"的转变趋势

建设海外营销网络与跨国直接投资,建设研发、生产基地或资源供给基地,是"走出去"的两种主流形式。相对于前者的"产地销",后者的"销地产"意味着跨国公司在海外销售市场直接组织资源、产业链配套进行产品生产,直接满足当地需求。

建设海外营销网络是浙江企业家"走出去"的初期模式,通过在海外销售,更充分地熟悉目的地市场的文化、制度以及掌握市场机会、汇率风险后,浙商通过投资建设生产基地的跨国直接投资方式逐渐活跃。在我国加入 WTO 之前,浙江以中外合资为主投资海外加工工业的势头已经开始出现,部分有实力的企业通过技术和设备投资入股,带动省内剩余生产要素和剩余生产能力向国际转移已取得初步成果,为浙江工业企业国际化及产业结构国际转移和升级走出了一条可喜之路,并对中小企业发展成为跨国公司产生了具有广泛号召力的示范效应。

在我国加入 WTO 之前,一批有一定经营规模和资本、技术、人才比较优势的工业企业,已逐渐成为浙江对外直接投资的主力军。例如,万向集团在美国设立了集贸易和加工装配为一体的万向美国公司,先后又在英国、德国等国家设立了 10 家公司,建立了以美国公司为龙头的海外生产营销体系,并通过对万向美国公司的再增资,扩大了带料加工装配项目的生产规模,提高了生产能力。万向集团利用国外先进设备进行后续工序加工,进一步提升

了产品质量,在国外直接为美国通用、福特和德国大众等多家世界汽车厂商配套供应万向节及汽配件,真正纳入了跨国公司分工体系,并使其本身也朝跨国公司模式发展。

历史地看,在我国加入 WTO 前,浙江的大多数企业尚未发展成为跨国公司,小型跨国公司的雏形也还未形成,但一批具有资金、技术、人才及国际营销优势的工业企业已基本具备发展对外直接投资的实力和条件。万向集团等龙头跨国企业为广大民营中小企业发展成为跨国公司提供了案例,蹚出了"模式",产生了示范效应。特别是随着我国加入 WTO,国家在宏观政策环境上既强调"引进来",也鼓励"走出去",国际经济合作开始按照 WTO 规则实行双向开放,浙江中小企业大规模"走出去"实施跨国投资与生产、提高全球竞争力的条件已趋于成熟。

二、主动创造"走出去"比较优势

基于时任浙江省委书记习近平"跳出浙江发展浙江"的战略指引,浙江省委、省政府于 2004 年 4 月出台的《关于进一步扩大开放的若干意见》中,明确指出要加强境外投资,支持有实力的大企业集团并购境外企业,利用国外技术、品牌、人才和市场网络,推进国际化经营;支持有能力的企业选择有资源、有潜力的国家和地区,建立生产基地,进行资源开发;支持有优势的企业选择有市场、有较好预期的国家和地区,投资建厂,变"产地销"为"销地产"。

在上述战略的指引下与政策环境的激励下,浙江境外投资与合作进入高速发展阶段。2004 年以后浙江 NOI(net outward investment,对外直接投资净额)的增长率开始呈现明显下降的趋势,表明浙江对外直接投资与利用外国直接投资之间的差距越来越小,尤其是 2008 年浙江人均 GDP 突破 6000 美元以后,NOI 的绝对值出现了负增长。根据邓宁的投资发展路径理论(investment development path,IDP),浙江的对外直接投资进入了快速发展阶段。截至 2010 年底,浙江经审批和核准的境外企业和机构共计 4564 家,累计境外投资总额 83.6 亿美元,累计中方投资额 71.8 亿美元,对外投资境内主体数和境外机构数连续多年居全国第一。[①]

三、浙江对外投资的三大鲜明特征

(一)生产扩张模式上以跨境并购为主

在境外扩张战略选择上,浙江企业倾向于选择跨境并购,而非绿地投资。浙江对外投资以中小民营企业为主体,在技术、人才、市场网络上缺乏优势,实施绿地投资因资本成本高、回收周期长而面临较大风险。相较于绿地投资,境外并购可使企业在较短时期内实现生产、市场、产权上的快速运转,并带动技术、品牌、管理制度的吸收创新。特别是 2008 年之后,浙江企业抓住了国际产业分工和资产价格走低窗口期,积极开展境外并购,实现了跨越式发展。从历史数据来看,到 2010 年,浙江中方投资额在 500 万美元以上的境外投资大项目共有 299 个,投资额约占总量的 80%,其中,跨境并购项目从以往平均每年 3～4 个迅速攀升到 2009 年的 20 个,并于 2010 年迅速增至 43 个,并购规模占同期对外直接投资的 75%,在数量和规模上均居全国各省份第一。[②]

---

① 赵建华.浙江企业集群式"走出去"现状和对策研究[J].对外经贸实务,2011(8):30-33.

② 赵建华.浙江企业集群式"走出去"现状和对策研究[J].对外经贸实务,2011(8):30-33.

(二)空间组织模式上以"借船出海"为主

与其他省份相比,浙江产业"走出去"的鲜明特征是集群式"抱团出海"与"借船出海",即通常由跨境投资经验丰富、产业链强大的企业,在境外建设经贸合作园区,由此带动包括产业链上下游的中小企业集群式产能转移或扩张。境外经贸合作区(工业园)建设的基本做法是由政府牵头,与政治稳定且同我国关系较好的国家或地区达成一致,然后以企业为建设经营主体,由该企业与境外政府签署协议,在境外建设经贸合作园区,开展对外招商,吸引境内外相关企业入驻,形成产业集群。在国家级合作区建设中,通过审核授权后,国家将给予2亿~3亿元的财政支持和不超过20亿元人民币的中长期贷款。因此,集群式对外投资一般采取以"政府引导,企业主导"为原则的运作模式,是一种政府扶持下的企业境外投资行为。企业通过平台载体实现"借船出海",可最大限度地化解风险,规避部分贸易壁垒,有效控制"多米诺骨牌"效应的扩散。截至2010年底,浙江已有7个境外经贸合作区(工业园),其中经商务部批准的国家级合作区3个(泰国泰中罗勇工业园、俄罗斯乌苏里斯克经贸合作区、越南龙江工业园),经省一级核准的省级合作区4个[乌兹别克斯坦鹏盛工业园、越美(尼日利亚)纺织工业园、博茨瓦纳纺织工业园、通领科技集团美国工业园]。7个合作区规划面积达15.94平方千米,累计投资2.4亿美元,带动入区企业68家,累计投资5.2亿美元,国家级境外经贸合作区数量居全国各省份首位。[①]

---

① 赵建华.浙江企业集群式"走出去"现状和对策研究[J].对外经贸实务,2011(8):30-33.

(三)投资主体模式上以民营企业为主

从浙江对外直接投资的主体来看,投资经营主体结构复杂,其中民营企业异军突起,成为浙江对外直接投资的绝对主力军。浙江最早进行对外直接投资的主体是以国有企业为主。随着经济的发展和对外交往的增多,对外直接投资主体从原来单一的国有企业向多种所有制主体转变,投资主体呈现出多元化的趋势。经过一些年的摸索,浙江以民营企业为主的对外直接投资已逐渐适应了全球市场,企业的全球化经营能力逐步增强,对外直接投资步伐进一步加快,规模不断扩大。据统计,至 2007 年 6 月底,浙江全省经政府部门核准的境外企业和机构累计已达 2809 家,其中有 1910 家是民营企业,占总企业数的 68%,民营企业投资额达 9.12 亿美元,占所有中方投资总额的 70%。[①]

◆◆【案例 5-3】

泰中罗勇工业园

泰中罗勇工业园 2006 年成立,地处泰国"东部经济走廊"核心区域,是中泰两国政府合作示范园区,也是中国首批境外经贸合作区之一。工业园是由总部在杭州的华立集团与泰国 Amata(安美德)集团在泰国合作开发的面向中国投资者的现代化工业区,这是中国企业在境外设立的首个综合性工业园。泰中罗勇工业园的定位是建成中国传统优势产业在泰国的产业集群中心与制造出口基地,最终形成合制造、会展、物流和商业生活区于一体的现代化综合园区。

---

① 季晓伟.浙江民营企业对外直接投资能力分析[J].中小企业管理与科技,2007(11):46-48.

盾安金属(泰国)公司是浙江盾安人工环境设备股份有限公司全额投资控股的海外子公司。该公司通过对东南亚市场的调查发现,无论是从加工资源、技术人员资源,还是从人力成本、土地成本上来看,泰国都比周边的国家更具有优越的条件。在泰中罗勇工业园成立后,浙江盾安人工环境设备股份有限公司签约入园。

泰国政府对外来投资实行国民待遇,在泰中罗勇工业园内的企业,可以享受泰国投资促进委员会(BOI)的优惠政策,仅所得税一项就可以享受"八免五减半"(前8年豁免全部所得税,之后的5年免半)。在出口加工贸易上,与中国相比,泰国和美国是有普惠制的,这一制度意味着同样的产品从中国和泰国同发往美国,前者关税要高出一倍。

在华立集团的带领下,浙江很多中小型民营企业纷纷"借船出海",大大降低了自己独自到境外开辟市场的风险与成本。而华立集团在众多中小民营企业的支持下,也进一步扩展了自己的境外市场,实现了双赢。

案例来源:徐建飞.浙商开拓国际市场成功因素与启示[J].决策咨询通讯,2011(4):18-23.

案例简析 >>>

市场偏好、法律等多元信息导致信息获取成本高,失败风险大,对以民营中小企业为主体的浙江企业"走出去"而言,"借船出海"便成为其最优的制度安排。由一家具有丰富境外产业投资和运营经验的知名企业牵头在境外创办工业园,然后牵引一批省内中小民营企业到园区内落地投资,进而在境外迅速建立具备完整上下游产业链的产业集群,降低中小民营企业对外直接投资的经营成本及产品成本,除了规避贸易风险,还可以共享信息,共用供应链、产业链,提高企业的谈判能力,大幅提高在目的地市场的国际竞争力。

第四节　浙商"走出去"创造的国际大循环效应

广大浙江企业"走出去"投资,建设海外营销网络和产业链生产基地、研发基地,有效打通并利用了两个市场、两种资源,通过贸易创造效应、资本循环效应和人才技术回流效应,有效提升国内大循环与国际大循环的相互促进水平与联通效率。

一、"走出去"投资的贸易创造效应

在国外开办生产性企业可直接利用当地的资金、技术、资源、劳动力等生产要素进行生产和销售,同时带动浙江母公司的设备、材料、零部件的出口或子公司的产品出口,既合法地避开了某些国家对制成品进口的限制和高额关税及非关税壁垒,又维护和开辟了浙江乃至全国的出口市场。浙江大部分企业在开展跨国经营时都是采取"先有市场后建工厂"的渐进方式,往往是贸易先行,随着贸易的发展,企业逐渐到国外去建立发展平台,最后在国外建立生产加工基地。贸易先行的经营策略实际上是为海外投资建厂奠定坚实的市场基础,有助于从"产地销"转向"销地产"。

企业对外投资能够扩大本地出口规模,长期对于一些发达国家的投资会增强企业"走出去"的竞争力,提高出口产品的科技水平。浙江企业对外投资的方式主要有以下几类:①跨国并购投资。在一个企业的产品知名度还有待认可和销售渠道尚未建立的情况下,收购国外的品牌成为进入新市场的一个捷径。通过在海外并购国外知名品牌和资源，借助品牌背后的营销渠道和消费群体，可以快速切入市场，规避风险。通过对并购资源的重新整合，促进企业产品的出口。②服务贸易型投资。这类投资的动机与目标非常明确，就是为扩大出口服务，投资形式主要包括批发零售投资、在东道国设立办事处以及售后服务点等。③构筑国际市场营销服务网络。企业通过在世界其他地区设立贸易服务机构，构筑国际市场营销服务网络，打造自身品牌，与生产加工企业形成销售对接，产生显著的联动效应。例如，万向集团通过低成本扩张，先后在美国、英国、德国、加拿大、澳大利亚等8个国家设立了26家海外公司，并对海外资源进行有效整合，建立起海外生产基地、海外研发中心和涵盖50个国家和地区的万向国际市场营销服务网络，增强了对国际市场的控制力，大幅增加了国内同类产品的出口。

从数据上看，浙江企业"走出去"带动了全省乃至全国的外贸发展。浙江外贸从2001—2007年间每年以高达20％～30％的速度增长，其中相当一部分是浙江企业"走出去"带动的结果。[①] 尽管"走出去"也会产生出口替代效应，即企业在某一海外国家建立的生产基地所生产的产品除在当地销售外，还向周边国家出口。当国外分支机构的生产和销售规模扩大到一定程度时，势必对母公司的出口产生替代效应，进而导致母公司所在地出口减少。但总体上看，对外投资营销网络在浙江对外投资结构中处于重要地位，对浙江经济产生显著的贸易反向创造效应。更重要的是，通过建设海外营销网络，企业正从单纯的供应商向经销商、品牌所有人转变，逐步走向价值链的高端。

---

① 冯洁."走出去"：浙江企业的"全球时代"——访浙江大学国际经济研究所所长赵伟教授[J].浙江经济，2007(17)：28-31.

二、"走出去"投资的资本循环效应

浙商对外直接投资的高额利润汇回母公司后,反向刺激浙江本地的消费与投资。企业到海外投资的目标之一是获得比国内更高的利润率。对外直接投资拓展了浙江利用外资的渠道,有助于更多的外商直接投资涌入中国。一方面,中国的对外直接投资大多采用合资企业的投资方式,对外直接投资使用的资金除了包括中国的外汇资金和设备以外,还包括在东道主市场和国际金融市场筹措的资金,因而,对外直接投资成了中国拓宽利用外资渠道的一种新的有效手段。另一方面,中国的对外直接投资过程存在着一个非常特殊的现象——资本回流。这种以享受中国政府对外资企业优惠政策为主要目的的资本流动,必然包含了其在国外筹措的资金,实际上构成了资本双循环。

早在2006年,时任浙江省委书记习近平在强调"浙江经济"与"浙江人经济"关系时就指出:"浙江要在新的起点上实现又快又好的发展,既需要'立足浙江发展浙江',又必须'跳出浙江发展浙江',以在高基点上确保目前的发展不停步,将来的发展可持续。"[①]对外投资通过将海外的技术、管理、品牌与国内市场相结合,既促进企业以更高的竞争力服务本土市场,又带动企业在本地市场增加投资。例如,吉利集团收购沃尔沃后,在浙江省内追加投资的金额累计达到291亿元,远远超出其收购沃尔沃的对外投资。

三、"走出去"投资的人才回流与技术外溢效应

从静态视角来看,浙江企业"走出去"在短期内不可避免地带来资金、劳动力的外流,但从动态视角来看,浙江企业对外投资具

---

① 习近平.之江新语[M].杭州:浙江人民出版社,2007:234.

有明确的技术寻求型动机。对外直接投资特别是跨国并购,有利于投资母国获得先进技术和实现产业结构优化,无形中促进企业的技术、人才回流和外溢。浙江企业"走出去"推动省内产业结构优化与获得国外先进技术主要体现在以下方面:①在开放条件下,参与国际直接投资是一国或一地区实现产业结构不断优化的重要途径。通过对外直接投资,将本国或本地区已失去或是即将失去国际竞争力的传统工业部门、普通技术产品、劳动密集型产业或污染严重的工业迁至其他发展中国家或地区进行生产,带动了产业结构的调整,以新的国际分工强化其国际竞争力,从而实现国内产业结构的优化。浙江不少企业逐步将一些低端的产业转移到海外进行生产,投资地主要集中于越南等东南亚国家,在省内则保留高新技术产业,实际上实现了产业链的"腾笼换鸟"。②经济发展离不开先进技术,对外直接投资是投资母国(地区)获得其他国家(地区)先进技术的重要捷径。通过对外直接投资,在发达国家(地区)与当地高技术公司或风险投资公司合资创办研究与开发型公司,充分利用当地的技术资源优势,了解和把握新技术发展的最新动态,以此作为开发和引进先进技术的基地。浙江企业进入欧美各国、日本市场,利用发达国家先进的技术和人才优势建立研发中心,学习先进技术和管理经验,对员工素质提出了更高的要求,而对企业的创新能力则要求更高。"走出去"的浙江企业就不得不作出自我调整,无论是企业家素质还是员工技能,会因此得到更快的提升,并通过与浙江本地的母公司、产业链人才网络产生链接而驱动产生技术溢出效应。

◆◆◆【案例 5-4】

富丽达收购纽西尔，构建产业链话语权

富丽达集团控股有限公司（以下简称"富丽达"）创建于 1988 年，总部位于杭州临江高新技术产业园区。经过多年的发展，逐渐形成了以生产纺织原料黏胶纤维为主，涉及浆粕、黏胶短纤维、聚酯新材料、纺纱、织造、印染等"研产销"一体化的纺织产业体系。富丽达以"追求卓越，和谐共进"为核心价值观，积极承担社会责任，连续多年跻身中国民营企业 500 强、中国制造业企业 500 强，是国家唯一的再生纤维素纤维差别化产品开发基地。

加拿大纽西尔特种纤维素有限公司（以下简称"纽西尔"）是一家专业生产特种溶解浆的厂商，产品为使用木材进行加工处理所得的普通和特种溶解浆，用于制造黏胶纤维等纺织产品和其他工业产品。富丽达和纽西尔从 2008 年以来一直保持良好的合作关系，纽西尔向富丽达提供原材料。2011 年 2 月 1 日，富丽达集团控股有限公司斥资 2.53 亿美元，收购了加拿大纽西尔特种纤维素有限公司的全部股份。

富丽达通过收购纽西尔，可以进入产业链上游，进而降低企业的生产成本，构建在纺织行业的话语权。富丽达收购纽西尔，得益于政府的大力支持，同时作为 2011 年中国民营企业海外并购成功案例之一，富丽达抓住时机，在企业海外投资方面具有远见卓识，实现了企业的长远发展。

在初期，富丽达先通过收购纽西尔的股份来进一步深入了解该公司，两者也签订了相关协议来增强双方的业务关系。在整个

收购过程中，收购价格对双方都十分重要，为此纽西尔请了当地的资产评估公司进行评估，但富丽达认为评估价格过高，也请了相关评估机构进行评估，最终双方对收购价格达成一致。富丽达的操作策略和谈判技巧为海外并购提供了宝贵经验。浙江在海外投资的企业很多，但大多是在海外设立贸易公司，或者在发展相对落后的国家投资办厂以利用当地廉价劳动力，像富丽达这种收购海外优质公司的案例还比较少，这为区域跨境资本运作提供了新的思路和宝贵经验。

案例来源：余观祥.富丽达获评"2011 中国民企海外并购十大案例"第二位[J].纺织服装周刊,2011(47):40.

案例简析 >>>

　　浙江龙头企业对外投资具有明确的技术寻求型动机。对外直接投资特别是通过资本工具实施跨国并购，有利于投资母国获得先进技术和实现产业结构优化，无形中促进企业的技术、人才回流和外溢。对外投资通过将海外的技术、管理、品牌与国内市场相结合，既促进企业以更高竞争力服务本土市场，也带动企业在本地市场增加投资，从而助推在外浙商与浙江本土经济更加紧密联结，促进贸易循环、资本循环、技术回流，构建产业链话语权。

◆ **本章小结**

　　敢为天下先的浙江民营企业，在通过国内大市场完成资本、技术、人才和经验积累后，普遍认识到只有进一步参与国际分工，才能开拓发展空间。2001 年我国加入 WTO，为浙江企业"走出去"投资、合作提供了全新的国际经贸环境。浙江主动出台一系列举措，支持浙商建立境外营销网络，进行境外投资。浙江企业在"走出去"的过程中,形成了独具特色的"抱团出海"模式、"销地产"模式、境外加工区模式,进而产生了强大的贸易创新效应、资本循环效应、人才回流效应、技术反向吸收效应,既促进了浙江开放型经济的迭代升级,也为当前加快构建以国内大循环为主体、国内国际双循环相互促进的新发展格局提供了重要的模式探索与经验积累。

◆◆ **思考题**

1. 进入21世纪初期,浙江开放型经济发展面临的内外部环境发生了阶段性与结构性的重大变化,为浙江新阶段"走出去"战略升级提供了新的历史契机。浙江转向主动"走出去"战略的历史条件、路径、机遇与效应分别是什么?

2. 浙江营销网络国际化实践的模式与成效如何,有哪些借鉴之处?

3. 如何理解浙商"走出去"创造的国际大循环效应?

◆◆ **拓展阅读**

1. 余华. 浙商回归:历史回顾与未来发展[J]. 浙江经济,2018(22):44-45.

2. 杨卫忠,孔冬. 第二代浙商价值观与企业社会责任行为的关系研究[J]. 社会科学战线,2017(11):255-259.

3. 刘亭,阎逸. 腾笼换鸟 凤凰涅槃[N]. 浙江日报,2017-09-18(5).

4. 袁家军. 顺势应对 把握机遇 推动浙商回归工作实现新提升[J]. 浙江经济,2017(7):21-23.

5. 兰建平,池仁勇,吴晓波,等. 专家学者谈"四换"[J]. 今日浙江,2013(14):20-21.

6. 史丹,聂新伟,齐飞. 数字经济全球化:技术竞争、规则博弈与中国选择[J].管理世界,2023(9):1-15.

7.顾国达,张正荣,等.开放发展:浙江的探索与实践[M].北京:中国社会科学出版社,2018.

8.程惠芳,钟山,陈华珊.浙江省实施"走出去"战略研究[J].浙江社会科学,2001(1):13-19.

要坚持"跳出浙江发展浙江",鼓励企业在省外投资创业,鼓励企业走出国门,开展对外投资和跨国经营,带动产品走出去、资源引进来,不断拓展发展空间。同时,要进一步增强在外投资企业与浙江经济的联系,积极吸引在外浙商回乡投资创业,努力实现"低端产业出去、高端产业进来"的良性循环。

——摘自习近平同志在浙江省委十一届九次全会第二次大会上的讲话(2005 年 11 月 6 日)①

第六章　国际金融危机后浙江开放型经济新发展

◆◆ **本章要点**

1. 国际金融危机后,境外资产价格大幅缩水,为境内企业的境外并购提供了难得的历史窗口。浙江提出逐渐从"商品输出大省"向"资本输出大省"的目标迈进,从原先的出口贸易开始转向以对外投资的方式进入国际市场,开始加速"借船出海"。到 2010 年前后,浙江全省跨境并购数量和规模均居全国各省份第一,走出了一条以获取资源、技术、品牌等稀缺要素为途径的具有浙江特色的对外投资之路。浙江企业的对外投资把握了难得的历史机遇,并凭借独特的并购模式,将"浙江经济"与"浙江人经济"紧密联结起来,促进在外浙商更好地为发展浙江服务。

---

① 习近平.干在实处 走在前列——推进浙江新发展的思考与实践[M].北京:中共中央党校出版社,2006:103.

2．"走出去"与"浙商回归"的并举实现了浙江开放型经济发展的良性循环。浙江在鼓励企业"走出去"，带动产品"走出去"、资源引进来，不断拓展发展空间的同时，又实施"浙商回归工程"。到2011年前后，"浙商回归工程"上升为"一号工程"，旨在增强在外投资企业与浙江经济的联系，积极吸引在外浙商回乡投资创业，引导发展高新技术产业和新兴服务业，提高本土经济的整体素质和区域竞争力，努力实现"低端产业出去、高端产业进来"的良性循环。

第一节 开放层次变革：从"商品输出大省"
迈向"资本输出大省"

一、金融危机打开浙江企业对外投资的窗口

对外投资模式转型存在一定规律。按照国际经济学者邓宁提出的国际投资周期理论，当人均 GDP 达到中等收入水平特别是上中等收入水平后，一个国家或地区的对外直接投资将明显增加，外资流入与资本输出的差距缩小。当人均 GDP 超过 4750 美元，对外直接投资的力度明显加强，并由资本净输入地区向资本净输出地区转变。从先行国家经验看，英国、美国、日本等都经历了这样一个对外投资迅速扩张的阶段。[①]

在对外直接投资早期，浙江企业的投资方式相对比较单一，以建立境外营销网络和生产加工基地两种模式为主。对外投资创建的企业以合资企业为主，独资企业较少；合作伙伴以境外华人为主；以设计、技术、劳务折价投资为主，现金投资较少；创办的企业

---

① 浙江省发展和改革委员会课题组.浙江迈向"资本输出大省"——浙江企业境外投资：现状、问题与对策研究[J].浙江经济,2011(23):24-31.

以新建企业为主,收购和兼并当地企业的较少。

随着浙江整体经济实力的增强和民营企业的发展壮大,特别是在 2008 年,一场席卷全球的金融危机突如其来,给世界各国的经济造成了巨大的冲击。国际大宗商品价格明显回落,对境外企业参股、并购的成本和价格相较以往下滑很多,这为境内企业"走出去"对外投资提供了难得的历史窗口。由于人民币升值及境内企业受经济危机影响相对较小等因素,浙江企业的对外投资随之活跃。

历史数据证实了金融危机后,浙江企业"走出去"对外投资迎来了一次跨越式增长窗口期。如图 6-1 和图 6-2 所示,从企业主体来看,浙江对外投资企业数在 2007 年仅有 420 家,到 2012 年已发展到 634 家,是 2007 年的 1.5 倍;境外企业中方投资额由 2007 年的 6.06 亿美元跨越式增长到 2012 年的 38.92 亿美元,增长 5.4 倍;从投资能级上看,单个企业的投资规模也从 2007 年的平均 144 万美元增长到了 2012 年的平均 614 万美元,增长 3.3 倍。

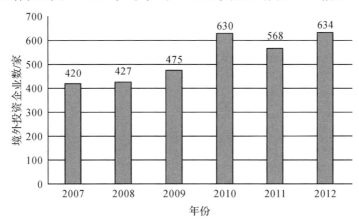

图 6-1 金融危机后浙江企业"走出去"的趋势(2007—2012 年)①

① 数据来源:2013 年浙江统计年鉴;2012 中国民企 500 强出炉 增速放缓经营效益降低[EB/OL]. (2012-08-30)[2023-07-11]. http://www.hkwb.net/news/content/2012-08/30/content_880571.htm? node=112.

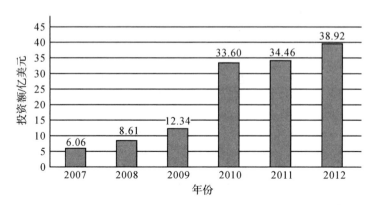

图 6-2   浙江境外企业中方投资额(2007—2012 年)①

从投资形式来看,"十一五"期间,全省经核准的海外并购项目共有 84 个,总投资额 24.31 亿美元,其中,2010 年,全省并购项目达到 43 个。通过并购方式实施的投资总额占到境外直接投资总额的 3/4,其中吉利集团收购沃尔沃单个项目的收购资金加运行和研发资金就达到 28.06 亿美元,全省并购数量和规模均居全国第一。② 在"十三五"开局之年的 2016 年,仅在前三季度,浙江跨国并购项目即达 145 起,同比增长 62.92%,备案并购额 96.25 亿美元,同比增长 5.92 倍,占对外直接投资比重为 72.89%。

经过这一时期,浙江已经逐步从"商品输出大省"向"资本输出大省"目标迈进,从原先的出口贸易开始转向以对外投资的方式进入国际市场,开始加速"借船出海",走出了一条以获取资源、技术、品牌等稀缺要素为途径的具有浙江特色的对外投资之路。

---

① 数据来源:2013 年浙江统计年鉴。
② 浙江省发展和改革委员会课题组.浙江迈向"资本输出大省"——浙江企业境外投资:现状、问题与对策研究[J].浙江经济,2011(23):24-31.

二、危机后对外投资政策的调整与应对

为抓住国际金融危机带来的境外资产价格缩水、生产要素重组等多重机遇，商务部于 2009 年 5 月颁布了《境外投资管理办法》，提出了应对危机促进经济的多项措施，大幅放松了对外投资的核准权限，简化了审批程序，管理程序更加规范、高效、透明。

对于拥有众多境外企业数量的浙江来说，面对国际金融危机后的"危"中有"机"，正确引导和支持有实力的企业"走出去"，适当加快对外投资的步伐，对完善全球市场和产业链布局、促进浙江经济增长具有重大意义。针对当时浙江境外投资企业面临的风险防范能力不足、融资困难、境外融资担保体系缺乏等约束因素，浙江迅速出台一系列政策举措，形成助力境外投资的政策与保障生态。

(一)境外投资制度便利化

体制机制上，商务部颁布《境外投资管理办法》后，浙江省于 2009 年 8 月就以省政府名义出台《浙江省境外投资管理实施办法（试行）》，从制度上推进对外投资便利化，落实企业投资决策权。企业绝大多数境外投资只需按要求填写并提交《境外投资申请表》，即可在 3 日内获得《企业境外投资证书》。2011 年，《浙江省人民政府关于统筹省内发展和对外开放加快实施走出去战略的意见》出台，这是浙江省政府首次以"走出去"为专题出台的政策文件，对境外投资的目标重点、产业引导、重点路径、政策环境等进行了系统性部署。

(二)构建面向"走出去"的金融服务网络

融资问题是浙江境外投资企业反映最普遍、最突出的问题,成为"走出去"的最大制约。浙江境外投资以民营企业为主,缺乏雄厚的资金实力,迫切需要金融支持,但融资渠道稀缺、信用担保体系匮乏。浙江于 2009 年便设立了"走出去"战略专项资金,2011 年出台《关于金融支持浙江省企业"走出去"的实施意见》,为浙江企业"走出去"提供了更加全面和有力的金融服务与金融支持,主要包括加大对重大境外投资的信贷支持力度、拓展多元化融资渠道、完善信用支持、建立"走出去"金融服务网络、完善配套金融政策以及发挥政策性资金的引导作用等。

(三)财政引导高价值战略性并购

多年来,浙江高度重视支持企业"走出去",尤其是自 2009 年以来,浙江在研究制定外经贸促进政策和安排专项资金时,积极向企业"走出去"项目倾斜,鼓励投资品牌、技术等稀缺高级要素和市场网络等高价值项目。重点支持外经贸企业境外投资兴办和并购企业、设立技术研发机构及境外营销网络平台等,引导和帮助企业提高竞争力,提升全球化经营水平。其中,在境外投资设立技术研发机构项目中,主要对其省内经营主体(不含宁波),根据设立技术研发机构的实际投资情况以及境外获得专利技术注册情况给予一定的资助。

三、化危为机,在并购中推动转型升级

2008 年国际金融危机后,浙江民营企业积极"走出去"实施跨境并购,并不仅仅是金融危机下的"抄底"之举,更体现了浙江加工制造业抓住了金融危机下全球产业分工和布局调整后的契机,积极参与全球产业分工,提升了价值链,延长了产业链,通过跨境经

营,有效地增强了企业的全球竞争力。通过并购上下游企业,获取战略性资产成为浙江企业对外投资的重要特点。通过开展跨境并购,浙江龙头企业在全球范围内布局产业链、价值链,抢占市场发展制高点。企业参与对外直接投资的方式也呈现多样化,如木林森收购德国欧司朗照明业务、万丰收购奥地利钻石飞机公司、联络互动低价收购美国第二大电商"新蛋网"等。

(一)聚焦境外稀缺高级要素并购,提升话语权

浙江企业"走出去"的步伐实现跨越式提升,汽车、装备、医药、电子信息、新能源等高新技术产业以及商贸流通、商务服务等现代服务业领域所占比重不断提高,成为境外投资的新热点。浙江境外投资有过半数的项目集中在产业链上游或下游的市场领域,目的在于获得收购方的研发团队、技术装备、专利技术和设计能力、境外销售网络等,有利于并购企业提升技术水平,培育自主创新能力。从投资方式来看,这一时期,参股、并购等非绿地投资方式进一步转变为主流工具,以迅速获取境外先进技术、品牌、人才、能源等稀缺要素,提升国际竞争力,拓展发展空间。到 2012 年,以获取品牌、技术、营销渠道为主的浙江民营企业海外并购项目达 63 个,并购额 7.1 亿美元,涉及设备制造、新能源、批发、商务服务等行业;浙江企业投资境外研发机构建设也取得新突破,累计投资 R&D 等各类研发机构达 200 家,中方投资额达 10.4 亿美元。[①] 这些研发机构充分利用当地技术、人才和贴近市场的优势,对企业提升境外技术储备、获取知识产权、提高国际声誉等产生综合溢出效应。

---

① 王俊禄.2012 年浙江民营资本海外并购项目 63 个[EB/OL].(2013-02-19)[2023-02-28]. http://district.ce.cn/newarea/roll/201302/19/t20130219_722988.shtml.

(二)聚焦产业链纵向并购,逐渐形成垂直领域跨国公司

浙江民营企业境外并购形式逐渐由原先的横向并购转向纵向并购,如永发集团收购欧洲保险箱品牌,台州新杰克缝纫机收购德国奔马和拓卡公司。与苏南发展模式不同,浙江的经济发展长期以来都是以民营中小企业为主体,缺乏技术积累和科研院所的支撑,面临技术升级的瓶颈,其人才团队难以在短时间内超越欧美百年积淀的老牌企业。在企业管理的所有形式中,"借船出海"的跨境并购方式无疑是解决以上问题的最佳方法。并购境外企业为企业突破技术瓶颈提供了难得的机遇和路径,并将最终推进浙江产业的转型升级。从已有例子来看,跨境并购也正成为浙江民营企业国际化的重要举措。如吉利集团,其在香港上市的公司的市值较收购沃尔沃时增值了 7 倍不止。根据中国企业联合会 2015 年数据,在全国百大跨国公司中,吉利集团的跨国指数接近 70%,在中国跨国公司中排名第一。① 浙江省委、省政府对培育本土民营跨国公司的重视力度不断加强,继续服务和推动浙江企业开展境外并购;以培育本土民营跨国公司为导向,强化政府的引导、支持和服务作用,激发企业"走出去"的内在动力,及时制定和发布浙江省对外投资合作产业导向政策。

◆◆【案例 6-1】

华立集团和吉利集团的海外投资

华立集团的第一次海外投资是在 2000 年 6 月,当时通过综合考虑,华立集团在泰国的业务从原先计划的并购变成了直接投资

---

① 北京新世纪跨国公司研究所,三亚全球公司研究中心.吉利走向全球公司之路——对吉利公司全球化发展路径的研究[J].中国发展观察,2016(2):46-57.

泰中罗勇工业园,并最终取得了投资与开发的综合业绩。泰中罗勇工业园是由中国华立集团与泰国安美德集团在泰国合作开发的面向中国投资者的现代化工业区。园区内基础设施完备,水电充足,交通便捷。泰国政府对来自中国的群体性投资实行超国民待遇。凡进驻泰中罗勇工业园区的企业,可享受泰国投资促进委员会的优惠政策,仅所得税一项就可以享受前8年豁免,之后的5年免半征收的特别政策。而且泰国与美国、澳大利亚、东盟及欧洲等多国签订了自由贸易协定,进驻企业可实现原产地多元化,避开关税、配额等贸易壁垒;充分利用国际资源,开拓国际市场;摆脱国内资源紧张、产能过剩、竞争激烈的压力,强化园区企业的信息资源优势和成本优势。

华立集团在海外投资时尤其注意风险控制。第一,华立集团主动接触中国驻投资目标国的使领馆,在项目开展之前提前拜访以获得支持,遇到问题可以及时解决。第二,设定好目标国,项目开展前设立办事处或派人员常驻,不怕错过一个项目而急于一时。第三,主动参加东道国的社会公益活动,如捐资助学、兴修水利等,以争取东道国社会的好感。第四,发挥民间外交的作用,考察当地市场及法律环境。在并购区域选择上,欧洲和北美等发达地区是首选,因为这些国家不仅有领先的技术,还有健全的法律,可以保障中国企业家的权益。同时,发达国家和地区政府的更迭和换届所产生的影响相对较小。

中国汽车龙头企业吉利集团在海外投资中的成绩更是举世瞩目。在收购沃尔沃汽车5年后,后者在2015年全球销量首次突破50万台,营业利润比上一年度增加了两倍,2015年盈利更是达到了66亿瑞典克朗。

在投资后的整合上,沃尔沃与吉利汽车是兄弟关系,而非从属关系。收购后,吉利集团并不向沃尔沃派出高管,沃尔沃在董事管理下独立运营,这是为了保持沃尔沃的传统,因为收购的时候,吉利集团最看重的就是沃尔沃的招牌,包括技术积累、口碑和创新、安全等,保留沃尔沃以上传统,是吉利集团收购的最大目标。此外,吉利集团和沃尔沃在人才方面也展开了深入的合作,依托沃尔沃的成熟经验,吉利集团逐渐与国际接轨。

案例来源:跨境并购的浙江模式,看这一篇就够了[EB/OL]. (2016-11-07)[2023-07-26]. https://m. jiemian. com/article/944463. html.

案例简析 >>>

由中国华立集团和泰国安美德集团合作开发的泰中罗勇工业园,是首家在泰国建立的面向中国投资者的现代化工业区。以泰中罗勇工业园为基地,华立集团成功转型为中国企业"走出去"的"推动者"。包括华立集团、吉利集团在内的浙江企业,通过"走出去"对外投资,配置和利用当地的人才、能源、资源等要素,提升了国际竞争力,拓展了发展空间。

第二节　开放主体变革:从"走出去"到"浙商回归"

国际金融危机爆发后,国际经济需求持续萎缩。我国面临外需锐减、内需趋缓的新情况,在拉动经济增长的投资、消费和出口"三驾马车"中,扩大有效投资要发挥主力军作用。浙江通过实施"浙商回归工程",有效引导、激励、扩大民营企业投资,成为国际金融危机后期浙江经济加快发展、转型升级的战略选择。

一、"浙商回归"过程：三个阶段

(一)自发"反哺"阶段

改革开放以来，浙江凭借沿海开放先发优势以及浙江人民敢于冒险、包容开放和艰苦奋斗的创业精神与能力，大批浙江企业家相继到全国各地投资创业和谋求发展，推动全国范围内的跨区域经济流动，积累起较为雄厚的资本实力和市场优势，成了全国经济发展最活跃、发展速度最快的地区之一。

在大量浙商"跳出浙江"投资创业的另一面，在外创业并积累了大量财富的浙江商人也通过资金汇回、项目投资等多种形式"反哺"浙江发展。这既是企业投资的理性选择，也是在外浙商的乡情、亲情、友情的体现。根据浙江省委政策研究室实施的一项课题调查成果——《浙江人在外投资创业的调查报告》(以下简称《报告》)①，到 2003 年，"投资创业，回报家乡"发展观念已在浙江渐成气候。《报告》为这种"反哺"提供了数据佐证：截至 2003 年底，在京浙企及创业人员回浙江投资或汇入浙江现金总额为 400 亿元；在粤、琼创业浙企返回浙江投资总额为 500 亿元，每年汇往浙江的现金超过 100 亿元；在沪浙企回浙江投资或现金返回也已达 150 亿元以上。仅京沪粤三地的国内浙商，到 2003 年底，"反哺"浙江的资金额就超过 1000 亿元。

(二)战略指引阶段

《浙江人在外投资创业的调查报告》为"浙商回归工程"提供了坚实的理论与研究基础。在 2004 年的第二届"浙江·中国民营企

---

① 潘家玮.跳出浙江 发展浙江:浙江在外投资创业基本情况调研文集[M].北京:研究出版社,2005:1-6.

业峰会"上,浙商"反哺"概念被首次提出,促进"浙江人经济"与浙江经济的互动合作成为此次会议的主要议题。

"浙商回归"战略理念在习近平同志关于"浙江经济"与"浙江人经济"关系论述中得到进一步深化完善。在 2006 年浙商大会上,时任浙江省委书记习近平指出:"在社会主义市场经济大潮中培育和成长起来的浙商群体,在浙江改革开放和经济社会发展中发挥了重要作用,为浙江的改革与发展作出了重大贡献,已经成为浙江发展的一支最活跃的生力军。浙商不仅是浙江发展的活力所在,也是浙江经济的竞争力所系,特别是在浙商身上所体现的创业精神和商业智慧,集中反映了浙江精神,展示了浙江人的良好形象。"①当时,对于浙商要不要"走出去"有不同的看法,很多人担心大量浙商向外发展,会造成浙江经济"空心化"。对此,习近平同志形象地提出"地瓜经济"的比喻:地瓜的藤蔓向四面八方延伸,为的是汲取更多的阳光、雨露和养分,但它的块茎始终是在根基部,藤蔓的延伸扩张最终为的是块茎能长得更加粗壮硕大。②

在习近平同志关于"浙江经济"与"浙江人经济"关系论述的指引下,浙江各级党委、政府把在外浙商与浙江经济更加紧密地联结起来,鼓励浙商把"走出去"到省外、海外投资创业与回乡"反哺"结合起来,形成"走出去"和"引进来"双向互动、良性发展的新格局,促进在外浙商更好地为发展浙江经济服务。在《浙江省"十一五"国内合作交流发展规划》中,首次将"省外浙商回归工程"列入五年规划,这意味着鼓励"浙商回归"、"反哺"浙江发展已跃升至政

---

① 中央党校采访实录编辑室.习近平在浙江(下册)[M].北京:中共中央党校出版社,2021:260.

② 习近平.之江新语[M].杭州:浙江人民出版社,2007:72.

府战略层面。

"十一五"期间,浙江利用浙商大会、浙商投资博览会等活动契机,全面实施"省外浙商回归工程",引导资本、资源、人才、信息、技术等优质生产要素回流,鼓励浙商资本回归、建设总部基地,引进战略性新兴产业,创新优化地区传统产业。据不完全统计,"十一五"期间,省外浙商共回浙江投资创办企业 2630 多家,投资总额达990 多亿元;而同期全省引进内资项目为 4987 个,协议投资金额8450 亿元,省外浙商在浙江省引进的内资中比例很高,温州、台州等地这一比例更高达 70%。[①] 杭州、台州、丽水等地,积极鼓励和吸引浙商总部回归,取得了较好的效果。通过发挥省外浙江企业联合会、商会的媒介作用,打造省外浙商回归基地,完善省外浙商回乡投资政策和建立完善省外浙商回归信息互通共享机制等举措,2010 年共引进省外浙商回归项目 169 个,省外投资 317.9 亿元,到位资金 89.1 亿元,较上年分别增长 15.0%、130.4%和 53.9%。[②] 通过"浙商回归工程","浙江经济"和"浙江人经济"的联动发展明显增强,有力地促进了浙江"走出去"和"引进来"双向互动良性发展的新格局。

(三)"一号工程"阶段

国际金融危机后,浙江作为外向型经济大省,外贸对经济增长的驱动作用受到显著抑制。到 2011 年,浙江有超过一半的月份出口增速低于全国水平,浙江外贸的先发优势正逐步消失,对浙江经济发展构成重大压力。针对外需锐减、内需趋缓的新情况,拉动经

---

① 黄晶晶."天下浙商家乡行"6 浙商投资 180 亿开发大鹏岛[EB/OL].(2011-08-03)[2023-07-16].https://zjnews.zjol.com.cn/system/2011/08/03/017734308.shtml.

② 应焕红.浙江发展浙商回归经济的对策研究[J].观察与思考,2012(12):55-57.

济增长的投资、消费和出口"三驾马车"中,扩大有效投资要发挥主力军作用,其中,通过引导和激励"浙商回归",扩大民营企业投资,成为国际金融危机后浙江经济加快发展、转型升级的战略选择。

2011年,浙江省委、省政府出台《关于支持浙商创业创新促进浙江发展的若干意见》(以下简称《若干意见》)。随后,浙江省发改委、财政厅、工商局、商务厅、经信委、教育厅等相关部门和各级地方政府陆续出台《若干意见》的配套政策支持"浙商回归",在组织机构、优惠政策、奖励考核等方面出台了一系列举措。在组织机构方面,省级层面成立"回归引进"领导小组办公室,时任浙江省委副书记李强任组长,时任浙江省副省长王建满任副组长兼办公室主任;在优惠政策方面,浙江省各级政府除了为回归企业制定了税收、土地等方面的优惠政策外,还启动对11个市、20个省级相关部门,以及29个省外浙江商会的目标责任制考核。《浙江省国民经济和社会发展第十二个五年规划纲要》明确提出:"关心支持海外省外浙商发展,实施'浙商回归工程',积极引导省外浙江人回乡兴办高层次产业,促进'浙江经济'与'浙江人经济'融合发展。"

到2012年,"浙商回归工程"进一步上升为浙江省经济工作的"一号工程",旨在通过"浙商回归"对冲外需下滑压力和产业转型升级阵痛期,并为浙江经济转型注入新的活力。为巩固首届世界浙商大会成果,唱响"创业创新闯天下、合心合力强浙江"的主旋律,杭州、宁波、嘉兴等各地方政府相继成立领导小组,将"浙商回归工程"摆上重要议事日程,纳入党代会报告和政府工作报告,组织召开市委常委会、市政府常务会议和相关专题会议,动员和部署这项工程。

在推进"浙商回归工程"实施过程中,项目质量、投资体量和产业结构匹配度不断优化,一批"高、新、专"的优质项目相继落实,使得"浙商回归工程"向质量提升、结构优化综合推进。

二、"浙商回归"方式:三个回归

"浙商回归"的方式有多种,主要有产业投资、股权投资等形式的产业与资本回归、人才与技术回归以及价值链管理与运营的地区总部回归等三大形式。

(一)产业与资本回归

产业项目落地、资本投资、投融资帮扶等形式的资本回归是"浙商回归"和"反哺"浙江的主流渠道与方式。海纳百川、百鸟归林,自2012年"浙商回归工程"上升为经济工作"一号工程"后,"浙商回归"资金、项目规模每年呈扩大趋势。根据浙江省经合办统计,2012—2016年五年间,累计引进"浙商回归"项目资金总额达到1.2万亿元,年均到位2400亿元,比2009年至2011年三年累计"浙商回归"到位资金1840亿元还要多。其中,2012年到位资金1297.9亿元;2013年到位资金1752.1亿元,比上年增长35.0%;2014年到位资金2235.7亿元,比上年增长27.6%;2015年到位资金3066亿元,比上年增长37.1%,完成全年目标任务的102.2%;2016年到位资金3492.6亿元,完成全年目标任务的102.7%,同比增长13.9%(见图6-3)。

在"浙商回归"到位资金规模不断攀升的同时,回归项目结构也趋向于"实大高新"转型。高端制造业和网络信息服务行业作为极具发展潜力的行业,是地区产业转型升级的重要方向,"浙商回归"带动一批高技术含量的制造业回归,推动地区的产业转型升级,同时也带动了全省产业结构的升级。数据显示,2012—2016年"浙商回归"的重大项目到位资金占总到位资金的比重超过80%,

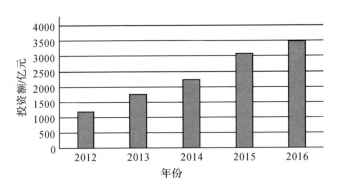

图 6-3　2012—2016 年"浙商回归"引进项目资金额[①]

其中文化创意产业项目和新兴的七大产业(涉及高端装备制造、环保、信息、健康、旅游、时尚、金融等)项目到位资金占比超过 75%。[②]

(二)人才与技术回归

相对于产业和资本回归,人才和技术层面的回归又称"浙智"回归,浙商企业的优秀管理者、高级别的技术人才、创新团队,带着研发成果、项目、先进观念回归浙江。在"浙商回归"进程中,传统意义的产业回归显然已超出了浙江资源环境的承受能力,唯有引"智"回归,才是"回归"的战略价值所在。

时任浙江省省长李强指出:"希望广大浙商坚定创业创新的信心不动摇,抓住机遇、做大实业,在尊重经济规律的前提下,把大产业、大项目、大企业带到浙江来,把前沿技术、高端人才、优秀团队引进浙江来,为建设物质富裕、精神富有的现代化浙江作出新贡献。"[③]在实施"浙商回归工程"中,更多引进大项目、大企业,更多引

① 金梁.合心合力强浙江 浙江推进浙商回归纪事[EB/OL].(2017-05-02)[2023-06-30].http://zj.cnr.cn/tt/20170502/t20170502_523734153.shtml.

② 吕苏娟.浙商回归,厚植发展新动能[N].浙江日报,2017-03-07(8).

③ 赵晔娇,江耘.浙江省长:浙商扛转型升级大旗改革创新赢红利[EB/OL](2013-03-06)[2022-11-09].https://www.chinanews.com/gn/2013/03-06/4620004.shtml.

进高端环节高端要素,更多引进战略性新兴产业和高新技术产业,成为各级政府招商引资的"项目宝典"。经过层层筛选的项目,必将提升浙江的投资质量,带来先进的技术和高端人才,是名副其实的有效投资和高技术投资。

浙江是侨务资源大省,公开数据显示,浙江籍海外华侨华人、港澳同胞超过200万人。[①] 从人才角度看,"浙商回归工程"对于经济转型时期的浙江来说,显然还孕育着更大的机遇。许多在外的浙籍人士,集企业家、科学家、发明家身份于一身,这些人才资源和智力储备,是浙江隐形的巨大财富。"浙商回归工程"充分发挥了以商引智、以项目带技术的效应,为"浙智"在浙江落地开花创造了条件;以引进的大型企业、示范企业为龙头,吸引浙商资本投入科技研发和科研成果孵化,引进前沿技术、高端人才和优秀团队,促进项目带动高端要素回流,实现了项目、成果、专家"三位一体"的落地。

(三)价值链管理与运营回归:总部经济

总部经济是指区域依托特有的优势资源吸引企业将总部在特定区域集群布局,同时将生产制造基地布局在周边区域,从而在不同区域的分工协作中实现企业、产业和区域共赢的一种经济形态。总部回归是在充分发挥浙江比较优势的前提下,号召浙商企业回归发展的重要方式,充分反映了"地瓜经济"的深层次内涵,即不管枝叶多么茂盛、伸得有多远,浙商的根系始终扎根在浙江大地上。为提高总部经济的能效,浙江明确提出了打造总部经济的顶层设计及方向。一是将总部回归的部门锁定于价值链分工的高端环节,如浙商企业的研发中心、营销中心等;二是充分发挥浙江省内

---

① 汪恩民,黄晶晶.浙籍侨胞港澳同胞超200万 浙"姓"海外社团735个[EB/OL].(2014-10-29)[2024-01-20].https://www.gqb.gov.cn/news/2014/1029/34347.shtml.

区域协同优势,围绕杭甬温三大中心城市建设对应的区域性总部中心;三是加强对总部回归企业的政策保障,完善财政、税收和金融支持等一系列针对性政策措施。以上三大政策导向有利于浙江发挥产业集聚和知识密集型优势,进一步将浙江的总部经济打造成国际分工的高端环节。

2015年,浙江出台了《关于引导浙商总部回归和资本回归的实施意见》,进一步明确了鼓励总部经济的四种方式:第一,省外商会联建总部大楼并组织会员企业总部回归,形成浙商总部企业集聚效应;省外商会会长企业牵头建设总部园区带动省外浙商总部回归。第二,以现有商务楼宇为载体承接省外浙商总部回归,促进浙商总部回归与楼宇经济互动发展。第三,省外浙商大型企业在浙江省境内自建自用总部基地,实现浙商总部回归。浙商总部中心也成为推进"浙商回归"的重要平台。例如,2012年,围绕服务全球浙商创业创新、集聚全球浙商总部两方面内容,杭州市江干区将浙商总部的未来发展定位为"五大中心",即服务浙商总部的金融服务中心、文化发展中心,浙商总部企业的管理决策中心、销售营运中心、科研人才中心。[①]

◆◆【案例6-2】

金华新能源汽车小镇

20世纪80年代,金华是全国重要的汽车摩托车配件生产基地,2007年,金华被授予"中国汽车摩托车产业基地"称号,有着发展汽车产业的坚实基础。

---

① 孙钥,舒也文. 江干瞄准"浙商回归"[EB/OL]. (2012-07-23)[2023-10-25]. https://hznews. hangzhou. com. cn/xinzheng/yaolan/content/2012-07/23/content_4301219_2. htm.

在"浙商回归"的大背景下,金华市政府积极吸引吉利集团、零跑科技、众泰汽车等浙江本土企业的新能源汽车项目回归,给予一系列优惠政策支持和服务。吉利新能源汽车项目依托吉利集团产业基础,在金华设立新能源汽车研发中心、整车制造工厂及体验展览中心。众泰汽车在金华设立总部,并将研发设计、整车生产环节回归浙江,着力发展研发等上游环节,将价值链低端的零部件生产转移到外地,以降低生产成本。零跑科技在金华设立新能源汽车企业总部,公司业务涉及研发制造、电机电控、电池系统开发、智能电动汽车整车设计、智能驾驶,以及基于云计算的车联网解决方案等。零跑汽车一期建设生产规模为年产15万台新能源整车,规划用地面积约550亩,总投资约25亿元,零跑新能源汽车S01系列于2019年完成上市和交付。

2011年,金华成为全省首个省级新能源汽车推广应用试点城市;并于2013年列入国家首批新能源汽车推广示范城市;2015年,金华开发区在新能源汽车产业园区的基础上,建设了新能源汽车小镇,占地面积3.6平方千米,建设全国重要的新能源汽车产业基地。新能源汽车小镇在"汽车"和"新能源"领域建成了11家省级以上企业技术中心,其中国家级的有2家,已成为全国新能源汽车领域重点企业研究院。众多回归的浙江企业依靠技术创新,有效地填补了我国电动产业生产的空白。

新能源汽车小镇以新能源纯电动汽车全产业链、技术创新发展为主体,集中引入了整车、电机、电控与电池企业,包括众泰、尤奈特、康迪、青年、绿源、金大等新能源汽车整车厂家和电机、电控、电池等关键零部件制造企业,同时还引进了吉利集团等大型车企的新能源汽车项目,集合"政、产、学、研、金、介、贸、媒"等产业创新要素,建设全国重要的新能源汽车研发制造中心、文化贸易中心、展示体验中心、检验检测中心、人才集聚中心。

案例来源:朱言.金华新能源汽车小镇:"奔驰"在新的赶考路上创造新的辉煌[N].浙江日报,2021-12-28(14).

案例简析 >>>

金华新能源汽车小镇的建设依托于汽车产业链条上中下游的企业,企业之间在小镇平台上加强协同合作,技术、知识外溢推动企业技术升级和产品创新,完善"创新＋产业＋展示＋体验"的新能源汽车产业模式。同时,汽车小镇不断加强与吉利集团、众泰汽车等浙江汽车制造商、全球汽车生产网络的联系,与国内、国外企业积极合作;在"金义"都市圈发展的大背景下,新能源汽车特色小镇不断加强对外联系,逐渐构建起强大的产业生态朋友圈。

三、"浙商回归"效应:三个结合

(一)实现"浙商回归"与加速"腾笼换鸟"转型升级的更好结合

"浙商回归"和"腾笼换鸟",在本质上是统一的,两者统一于加快浙江经济转型升级的过程。为吸引浙江企业家回浙投资,"浙商回归工程"并不是简单的资金搬家,而是要形成新要素、新主体、新资源的融合。实际上,浙江是资源小省,土地、能源等要素资源都很缺乏,经济增长已面临严重的要素瓶颈,与中西部地区相比,浙江在土地、劳动力、环境等要素上已不具备成本比较优势,低附加值、低层次产业已难以立足。因此,"浙商回归"必然建立在产业结构、技术优化的前提之下。结构转型升级,意味着浙江要以大企业和高端产业作为产业升级的"排头兵",推动回归的浙江资本和项目,向信息、能源、生物、医药等面向未来的战略性新兴产业和高端制造业转移,形成带动产业升级的良性循环,带动大批配套服务的中小企业,特别是处于产业链下游的一些产业,实现产业化协作,加快传统优势产业的改造提升,从而带动整个浙江经济的转型发展、创新发展。

2013年,时任浙江省省长李强指出:"浙商回归引进不是简单地做'折返跑',也不是简单地做'加法',而是要做'乘法',由量变引发质变,不仅推进浙商自身的转型升级,还要带动全省经济的转型升级。"①"浙商回归"需要抓住三大机遇,即经济形势变幻莫测中蕴含的"弯道超车"机遇、浙江转型升级中蕴含的创新发展机遇、浙江实施四大国家战略举措蕴含的新兴产业发展等机遇②,在回归中实现涅槃重生和结构再造。回归浙商所带回来的资本、新技术和新理念,给浙江产业转型升级、新兴产业崛起、空间结构优化带来了新的发展契机与动力。从项目结构上看,"浙商回归"项目大都参与"四换三名"工程③和"互联网+"工程,产业项目向信息经济、节能环保、健康、旅游、时尚、金融、高端装备制造、文化创意等浙江八大万亿产业发展和特色小镇建设集聚。以嘉兴为例,"十二五"期间,嘉兴的"浙商回归"逐年迈进新阶段,浙商真正成为嘉禾大地的有效投资生力军。2012年至2015年,全市"浙商回归"累计到位资金987.5亿元。其中,2012年到位资金161亿元;2013年到位资金210亿元,比上年增长30.4%;2014年到位资金264.5亿元,比上年增长26.0%;2015年到位资金346亿元,比上年增长30.8%,

---

① 叶慧.回家——浙江鼓励引导支持浙商回归创业纪实[J].今日浙江,2013(7):10-13.

② 赵晔娇,江耘.浙江省长:浙商扛转型升级大旗 改革创新赢红利[EB/OL].(2013-03-06)[2022-11-09].https://www.chinanews.com/gn/2013/03-06/4620004.shtml.

③ "四换三名"是浙江经济转型的一项政策。"四换"是指腾笼换鸟、机器换人、空间换地、电商换市;"三名"是指大力培育名企、名品、名家。

完成全年任务的 108.1%;新增浙商资本回归 118.3 亿元,浙商总部功能性机构 160 家。①

(二)实现"浙商回归"与构建"浙江经济"和"浙江人经济"联动发展格局的更好结合

一是增强地区原有生产网络的复杂性。"浙商回归"中提出"以'建链、补链、强链'为特征的全产业链式"回归,对地区生产网络的形成、扩大和专业化,具有巨大作用。如以现代家居为主导产业的麒盛科技股份有限公司落户嘉兴市秀洲区后,逐步实现了产业链条组织、产品生产组织、市场服务组织"三位一体"式的全产业链发展模式,形成了"互联网+智能家居"深度融合的高端制造产业,在研发、制造、营销、服务等多个环节上都有与多国的深度合作,上下游供应链紧密联系,形成了一个整体性的生产平台,而不是传统的仅锁定在某个单一环节上。通过这种模式的企业回归,使得"浙商回归"不仅是一家企业回归,而是由浙商(本土领导)紧抓主链核心要素、整体把控环节子链,外商完善子链,外资助力发展的"抱团式"回归,形成产业"共同体",对于弱化"低端锁定"困境有着很强的实际效果。

二是增强地区外部性。"浙商回归工程"的招引目标是战略性新兴产业回归和发展金融、总部经济,因此,企业回归门槛较高。海外浙江企业回归后,推动地区主导产业发展,淘汰或者转移部分落后产能,带动相关高新技术产业发展,相关企业集群逐步形成,"企业发展—产业环境—地区经济"协同发展,提升地区产业的整体质量。外部性具体体现在回归资本直接投资与携带先进技术整

---

① 幸福回嘉 共筑梦想:见证浙商回归的嘉兴力量[N].浙江日报,2016-12-02(12).

合进入产业链所带来的知识与技术溢出效应上,倒逼本土企业主动学习或者变革,进行技术提升,实现更高级别的要素流动匹配,积累本土制造业产业内部升级的技术动力。另外,外地浙商在发展过程中积累的国内其他地区甚至国际资源、人际关系网络、信息网络、市场等要素也间接带入浙江,可以增强地区生产网络与外部的联系,增加融入更大生产网络的机会。

（三）实现"浙商回归"与改革创新打造新型"亲情"政商关系的更好结合

只有发挥市场的决定性作用,遵从市场法则,让回归的浙商实现自身价值超越,才能让回归的浙商不仅仅是热衷于一时,而是成为浙江经济转型中稳定的推动力。时任浙江省委书记夏宝龙指出:"良好的投资环境是支持浙商创业创新的重要保证。全省上下要有为浙商创业创新开山辟路的精神,为浙商创业创新'开辟快车道'。"[1]2012年,以"四减少、四放权"为核心的新一轮行政审批制度改革加快推进。浙江省下放了500余项省级行政审批和管理事项,50多个政府部门能减能放的审批事项都被清理出来,有的精简、有的取消。浙江省政府深化行政改革,推行审批服务全程代理制和网上审批制,力争成为审批事项最少、速度最快的省份。同时,浙江省政府优化流程,简政放权,努力以最少审批事项、最快审批速度、最优审批效能,为"浙商回归"营造最好的政策环境。上述改革创新举措,大幅放权于基层、企业、市场、社会,浙商融资难、投资难、创新难、盈利难等困境得以改善,营造了面向全体市场主体的公平的市场环境。

---

① 叶慧.回家——浙江鼓励引导支持浙商回归创业纪实[J].今日浙江,2013(7):10-13.

各地市也针对本地实际,进一步形成地方化的亲商、营商环境。如杭州市主要以吸引资本回归、总部回归、技术回归、人才回归为主,紧抓"创新"发展理念,侧重在创新领域,特别是在科技创新领域,鼓励和支持人才培养和教育培训创新,帮助浙商企业培养和引进技术人才,鼓励国内外高层次人才和团队来杭就业、创业。温州市则重点在对"浙商回归"的相关政策服务上,强化全程服务,营造亲商、安商环境,优化服务保障,加强制度建设。宁波市在"浙商回归"期间不断完善平台供给、服务供给、制度供给和要素供给。台州市因企制宜,建立"差异化"服务推进机制,以提升服务对接的精准度。金华市创新招商模式,对重大回归项目进行"一对一"全程服务。丽水市在体制机制上不断优化,提升营商环境。嘉兴市创新招商方式,以"1+9"的形式,即一个市级招商中心和九个区域招商中心同时进行招商,以资本促产业发展,以产业平台促资本回归。湖州市鼓励和引导"浙商回归"重大项目进入南太湖产业集聚区;用地指标优先保障,确保项目落地;对省政府确定的战略性新兴产业、现代服务业等"浙商回归"重大项目实行土地使用权指标奖励。

◆◆◆【案例 6-3】

永康"浙商回归"创业创新园

永康"浙商回归"创业创新园于 2012 年 5 月落户省重点培育中心镇——龙山镇,总面积 746.95 公顷。园区地理位置优越,交通便捷。永康"浙商回归"创业创新园的建设,作为投资创业的高端平台,高起点谋划、高标准遴选、高强度扶持,推动永康五金"脱胎换骨"。园区规划采用"一心五区"的空间结构,即公共服务中心、先进装备产业区、汽车零部件产业区、新材料产业区、关联产业区、现代物流产业区。园区项目将充分整合全市资源,重点发展体育运动健康产业,通过建设融赛事、培训、体验、交流展示、休闲观光于一体的综合性体育主题公园等举措,吸引优秀休闲用品制造龙头企业,打造体育运动健康文化产业集聚群、永康工业强市建设新平台、现代化国际五金名城的高端产业区、现代五金产业集聚区以及"浙商回归"创业创新示范区,从而对整个区域工业企业的创业创新发挥引领作用。在"浙商回归"项目考察上,永康以"七步遴选法"为基础,新增省外企业现场核查等环节,更加注重对报名企业综合实力的考察。永康"浙商回归"创业创新园区一期共有23家企业,总投资20亿元,其中10家企业已建成投产;二期共9个投资项目,总额19.41亿元。

永康在吸引"浙商回归"中除了项目规划速度快、招商精准外,还有其他亮点。第一是打造全省首个县级多功能"浙商回归"创业创新中心——金创大厦,积极引导市外永康商会设立地区总部入驻。31家市外永康商会已全部缴纳建设资金,实现浙商资本回归资金近2亿元。安徽商会、沈阳商会等多家商会企业完成工商注册。二是与知名企业"联姻"助推传统五金转型升级。例如,与北方华录公司签署共建文化城市的战略合作协议;与中国铝业公司合作推动"中铝浙中(永康)工业生产服务及应用产业化项目"加快落地;与中国科学院苏州生物医学工程技术研究所合建"康复工程技术研发中心";与西部材料及湖南金天钛业有限公司合作的钛材料民用化项目取得重大进展;在永康设立"钛材料民用化技术创新与应用研究中心"和浙江分公司。三是多渠道引进省外资本,发挥政府产业基金的作用,加快工作进度,吸引更多省外基金来永康设立种子基金,吸引更多金融资本和社会资本参与永康产业基金的建设。

案例来源:应巧盈.全省首个浙商回归创业创新园在永康开工[EB/OL]. (2012-12-04)〔2022-11-09〕. http://jsxww.zjol.com.cn/jsnews/system/2012/12/04/015796454. shtml.

案例简析 >>>

省外商会联建总部大楼并组织会员企业总部回归,是浙江建设总部回归经济的主要形式与方法之一。浙江省外商会数量较多,其他市县可以借鉴永康"浙商回归"创业创新园的运作方式,充分发挥省外商会的组织作用,动员省外浙商出资在省内联建"浙商回归"总部大楼,并由商会组织省外浙商入驻,设立总部企业。当地政府在确保效益的前提下给予政策支持、工作激励,形成浙商总部企业集聚效应。

第三节 开放渠道变革:从"线下开放"到"线上开放"

在2008年国际金融危机之后,世界经济增长动能疲软,全球市场需求萎靡不振,中国外贸环境持续恶化。与此同时,随着互联网的普及和电商产业的迅猛发展,跨境电商为外贸市场带来了新的活力。近年来,浙江跨境电子商务模式在全国领先发展得益于浙江高速发展的电子商务产业、强大的制造业基础、优越的政策环境和大批出口贸易企业主体。

跨境电子商务,是指隶属于不同关境的交易主体,通过电子商务的形式将传统国际贸易中的展示、洽谈和成交环节网络化,并通过跨境物流配送商品,最终完成交易的一种国际商业活动。跨境电子商务简化了传统贸易模式流程,有效降低了中间环节成本,给为数众多的浙江中小企业提供了平等参与国际贸易的平台。

一、全球跨境电子商务高地

(一)跨境电商国家级政策密集

浙江发展跨境电子商务得到了国务院、商务部、税务总局和海关总署等部门的大力支持。2012年底,杭州和宁波被国家发改委、海关总署确定为首批跨境电子商务服务试点城市。2015年3月7日,国务院国函〔2015〕44号批复同意设立中国(杭州)跨境电子商务综合试验区,杭州成为全国首个跨境电商综合试验区,跨境电商综合试验区被视为杭州市改革发展的重大突破口。《浙江省人民政府办公厅关于印发浙江省跨境电子商务实施方案的通知》《浙江省大力推进产业集群跨境电商发展工作指导意见》等一系列政策文件也相继出台。这些政策的出台,奠定了跨境电商在今后经济发展中的重要地位,明确了跨境电商未来发展的目标和方向。2016年1月,宁波被列入第二批跨境电商综合试验区;2018年7月,义乌被列入第三批跨境电商综合试验区;2019年12月,温州、绍兴获批设立跨境电商综合试验区;2020年1月,舟山成为跨境电商进口零售试点城市;2020年4月,湖州、嘉兴、衢州、台州和丽水获批设立跨境电商综合试验区。至此,全省11个地市都能依托国家级跨境电子商务平台开展跨境电商业务。

(二)跨境电商龙头企业领先

进入21世纪以来,"互联网经济"领域诞生的历年"福布斯中国首富"中,浙江人数最多,其中包括马云、丁磊、陈天桥等具有国际影响力的互联网经济企业家。一大批浙商以及年轻的创新创业者,积极将"互联网＋"的创新模式引入浙江的国际和国内商业活动中，创造了淘宝、天猫、阿里巴巴、速卖通、唯品会、网易考拉、蘑菇街等一大批电子商务贸易平台，重新定义了国际贸易与全球商业模式，代表了浙江开放型经济的新形象。

(三)跨境电商配套系统完善

浙江拥有跨境电商业务的企业数量全国领先，同时，除了跨境电商经营企业、第三方交易平台以外，跨境电商服务商也随之兴起，国际物流快递公司、货代公司、业务运营公司纷纷推出了支持跨境电子商务的专项业务，PingPong、连连等一批省内跨境支付机构快速成长，招商银行、贝付公司、深圳钱海等机构在浙江创新开展跨境电子商务结汇业务。以海外仓、物流专线等为代表的新型物流业态正在出现，以递四方、专线宝为例，其核心理念便是全球仓储布局，助力网购运营，灵活解决方案，先进系统管理，便捷配送保障，支撑平台互动，创造销售先机。至 2017 年，全省已建成 21个省级公共海外仓，60 多个市县电子商务公共服务中心。2017年，浙江省商务厅印发了《开展全省跨境电子商务服务体系建设的通知》，评选认定了一批优秀的跨境电商服务企业，加大了培育力度。

(四)跨境电商创新生态良好

由于跨境电商综合试验区与国家自主创新示范区的叠加效应，跨境电商综合试验区建设不断推进，并取得丰硕成果。杭州的"六体系、两平台"试点经验在全国被复制推广，宁波的"单一窗口"、国际邮件互换局等正式投入运营。此外，各大园区建设的跨境电商众创空间，吸引各类创客不断加入。创业生态系统日渐完善，好公司、好项目迅速崛起发展，杭州佳成国际、点库、义乌宝通等企业纷纷建立海外仓，扩大物流覆盖范围，将零散的国际运输转化为大宗运输,降低各环节的物流成本。首个海外 eWTP 数字中枢的落地以及《浙江省跨境电子商务管理暂行办法》《浙江省跨境电子商务综合试验区零售出口货物免税管理办法(试行)》等政策的发布,表明政府也在积极探索适应跨境电商发展的货物出口管理方式和新型监管服务体系。可见,浙江省政府以及相关企业都在积极探索跨境电商的发展形式,共同打造良性的跨境电商环境。

◆◆◆【案例 6-4】

杭州跨境电子商务综合试验区

随着互联网技术的发展和用户数量的攀升,国内电商发展已趋于成熟,且竞争激烈。与此同时,跨境电商领域却是一片"蓝海",具有非常广阔的发展空间。由于存在关境问题,跨境电商的发展往往需更加复杂的监管和制度规范,因此需要通过试点城市创新发展理念和模式来引领。2012 年,浙江省的杭州、宁波成为第一批跨境电子商务服务试点城市。杭州和宁波位于民营经济发达的浙江省,制造业产业集群位于全国前列,同时杭州又是电商巨头阿里巴巴总部所在地,电商基因和发展配套丰富。成为试点城市后,杭州成了全国跨境电商发展的领头羊。2013 年,随着上海自由贸易试验区的落地,杭州谋划成为"网上自贸区",以便获得国家更多的支持。李克强总理和汪洋副总理先后来到杭州调研试点工作以及网上自贸区的准备情况,根据杭州所做的工作和未来的目标更改为"跨境电商综合试验区"。于是在 2015 年 3 月 7 日,国务院发文批准杭州设立中国首个跨境电子商务综合试验区。

　　杭州跨境电子商务综合试验区通过跨界企业的引入和传统外贸企业的转化两个路径实现跨境电商产业集聚。首先,成立跨境电子商务产业园区。产业园区的建立既能够利用园区在地理、产业、政策方面的优势吸引跨境企业入驻,又能够引导本地企业向跨境方向转型。杭州跨境电子商务综合试验区采取的是一区多园的布局方式,建设线下综合园区来提供通关、物流、金融、人才等一站式综合服务,作为"六体系、两平台"中线下"综合园区"平台的主体,电商产业园的成立和发展早在杭州刚成为跨境电子商务服务试点城市时就得到了政府的大力支持。最早建立的下城园区成立时间甚至可以追溯到 2013 年 7 月,目前已经成为杭州的跨境贸易小镇。杭州总共开放了下城、下沙、空港、临安、江干、萧山、余杭、邮政速递、富阳、建德、拱墅、西湖、桐庐等 13 个园区,各大园区为了吸引更多有实力和创新的企业,纷纷推出各项优惠政策,比如租金减免、专项财政补助以及为所有入园企业提供落户代办、政策申报、法律咨询、人才招聘、会展培训、通关报检等"一站式"公共服务。《杭州市电子商务发展"十三五"规划》中提出要"打造 1～2 个营业额超千亿元的电商产业基地和 15 个电商特色小镇",随着更多园区项目的开发,产业集聚的效应更加明显,入驻的企业也越来越多。

　　在服务配套方面,杭州跨境电子商务综合试验区发展的最大创新和最大支持就是"六体系、两平台"的建设,它为跨境电商交易提供了全方位的服务。根据《中国(杭州)跨境电子商务综合试验区实施方案》中的资料,"六体系"包括信息共享体系、金融服务体系、智能物流体系、电商信用体系、风险防控体系和统计监测体系;"两平台"分别指的是线上"单一窗口"平台和线下"综合园区"平台。

案例简析 >>>

　　跨境电商,是当前发展速度快、潜力大、带动效应强的贸易新业态。杭州设立全国首个跨境电商综合试验区,外贸发展基础好,供应链、生态圈成熟,探索形成的"六体系、两平台"等一系列成熟经验做法已复制推广至全国,成为跨境电商的创新高地和发展福地。以数字化改革为引领,杭州锚定"新电商之都"定位,聚焦壮大电商产业生态,构建新型产业链体系,打造全方位要素保障体系,高质量推进电商产业发展。杭州电商产业规模总量、发展水平在全省乃至全国处于领跑梯队,网络零售额增速长期保持两位数增长。以"六体系、两平台"为核心的跨境电商杭州经验在全国其他131个跨境电商综合试验区推广,三批113条制度创新举措也在全国推广。

二、线上跨境电商与线下产业集聚协同发展

　　产业集群跨境电商发展的目的是实现集群的转型升级,而不是为发展跨境电商而发展跨境电商。在制定政策时,政府要思考如何通过跨境电商实现产业集群的转型升级,即要把跨境电商的政策和产业集群的转型升级结合起来。浙江在促进传统制造业产业转型、发展跨境电商业务时,注重跨境电商和制造业产业的集聚发展,使得制造业产业成为跨境电商发展的产业基础,跨境电商产业集聚是制造业跨境线上销售的技术服务基础。跨境电商与制造业的融合发展主要从以下四个方面进行。

　　第一,以"政府引导、市场主导"为导向,推动跨境电商由"自主发展"向"规范发展"提升,形成汇集外贸产业链、电商服务链、跨境供应链上下游企业和创业者的产业生态系统。

　　第二,推进跨境电商资源要素集聚。推进跨境电子商务平台、

经营企业、服务企业、政府监管部门等跨境电商主体集聚,以及人才、资本、服务等跨境电商要素集聚,为跨境电商企业提供通关、物流、金融、工商注册、创业孵化、仓储、检验检测、国际结算、品牌、法律、技术、运营、客服、供应链、软件、数据、翻译、人力资源、知识产权等一站式综合服务。

第三,搭建传统企业与跨境电子商务服务企业合作对接平台,支持传统企业运用信息技术优化整合供应链、贸易链、价值链,加快向跨境电商的转型升级。

第四,建立跨境电子商务出口品牌培育、发展和保护机制,支持企业创新运用数字营销方式开展品牌全球推广,加强知识产权保护,提升市场竞争力。最终实现帮助跨境电商企业增加竞争力、降低成本、拓宽业务渠道、实现跨境电商行业全方位发展的目标。

◆◆【案例 6-5】

义乌小商品

义乌小商品在传统外贸时期就在探索跨境电商与制造业产业的集聚发展。义乌一是具有良好的制造业产业集群的基础,二是制造业产业发展进入成熟期,前者是跨境电商发展的产业基础,后者是集群依托跨境电商实现转型升级的现实要求。义乌小商品基地是闻名世界、全球最大的小商品集散地,已形成针织、服装、拉链、饰品、毛纺、印刷、制笔、工艺品、玩具等小商品产业集群。义乌的市场成交额、对外贸易额、工业企业数量以及销售网络都是其快速发展跨境电商的产业基础。在培育跨境电商服务企业和平台方面,义乌出台了详细的政策,引进电子商务第三方企业中前50强跨境电商服务企业进驻。政府和阿里巴巴旗下的公司达成合作协议,为集群内的中小企业提供一站式通关、结汇、退税、物流、金融等服务。在支持企业、市场经营户自建跨境销售平台方面,政府对企业、市场经营户自建的运营1年以上、年成交额超过1000万元的跨境销售平台直接给予现金奖励,并给予针对非英语国家和地区开设多语种子网站或独立页面的电商平台现金奖励。同时,引导跨境电商企业的集聚发展。在品牌建设方面,鼓励企业开展境外营销,提高品牌在国际市场的知名度,政府对跨境电商企业在国外进行品牌注册以提高品牌知名度的行为进行补贴。在配套服务体系建设方面,政府积极加强小商品生产制造企业与跨境电商服务企业的对接。

2014年以来,义乌市举办供需对接会、展会、论坛、沙龙等活动数百场,让企业更加了解了跨境电商的运作方式、渠道优势和国外的市场情况等。同时,电商服务企业更加了解了小企业的产品情况,推动了双方的互动发展。义乌市政府积极加快推进跨境电商公共海外仓建设,出台了公共海外仓建设基本要求、服务规范和数据交换规范,并在德国、埃及、西班牙、阿联酋、意大利等国建立了17家跨境电商公共海外仓。

案例来源:徐锦波.产业集群跨境电商的发展政策研究——以浙江义乌为例[J].商业经济研究,2017(21):73-76.

案例简析 >>>

步入数字化时代,义乌的商品内容、商品种类异常丰富,电子商务运用成为必由之路。义乌围绕中小微企业电商产业完善、便捷、规范的发展目标,积极探索发展道路。在构建新发展格局的背景下,根植于"世界小商品之都"的跨境电商企业不断自我革新,积极拥抱全球,乘着"一带一路"的东风,抢抓"互联网+"的发展机遇，全力推动线上线下市场融合发展，努力建设电子商务发展环境最完善、产业链优势最突出、创业创新成本最低的全球跨境电商高地。"一台电脑、一根网线，就能当老板与全世界做生意"，这是义乌市场流行的一句话。既有实体的摊位，又在亚马逊、速卖通、eBay等跨境电商平台开店，这几乎是多数义乌商家的标配。义乌具备其他城市所不具备的货源优势，市场内有 210 多万种商品可供企业挑选，即使是初创型的跨境电商企业，也能快速找到符合自己要求的产品。此外，快递和仓储成本低于一线城市 20% 以上，无形中降低了中小型企业的物流成本。线上市场与线下市场一体、数字贸易与实体贸易融合是义乌跨境电商的最大特色和最大优势。

◆◆ 本章小结

2008 年国际金融危机爆发，我国开放型经济面临新环境。浙江坚定不移地沿着"八八战略"和对内对外开放发展战略路线，创造性、超常规地推进开放型经济进入新局面。一方面，抓住国际大宗商品价格明显回落、国际产业格局调整等历史机遇，加速"借船出海"，走出了一条以获取资源、技术、品牌等稀缺要素为途径的具有浙江特色的对外投资之路；另一方面，大力实施"浙商回归工程"，创造条件，鼓励浙商把"走出去"到省外、境外投资创业与回乡"反哺"结合起来，形成"走出去"和"引进来"双向互动、良性发展的新格局，全面推进了开放层次变革、开放主体变革和开放渠道变革。

◆◆ 思考题

1.2008 年，一场席卷全球的金融危机突如其来，给世界各国的经济造成了巨大的冲击。但是，此后浙江企业"走出去"的规模明显扩大、速度明显加快，金融危机使企业"走出去"投资发生了哪些变化？浙江企业如何化危为机？

2.如何正确认识"浙江经济"与"浙江人经济"的关系？如何理解习近平同志在浙江工作期间提出的"地瓜经济"的理论精髓？

3.随着互联网的普及和电商产业的迅猛发展，跨境电商为外贸市场带来了新的活力。线上电商贸易为传统贸易带来了哪些变革？如何抓住数字革命推动本地开放型经济的发展？

◆◆ 拓展阅读

1.张汉亚.积极应对金融危机[J].数量经济技术经济研究，2009(6):15-18,21.

2.裴长洪,彭磊,郑文.转变外贸发展方式的经验与理论分析——中国应对国际金融危机冲击的一种总结[J].中国社会科学,2011(1):77-87,222.

3.金碚.国际金融危机下的中国工业[J].中国工业经济,2010(7):5-13.

4.叶慧.回家——浙江鼓励引导支持浙商回归创业纪实[J].今日浙江,2013(7):10-13.

5.浙江省发展和改革委员会课题组.浙江迈向"资本输出大省"——浙江企业境外投资:现状、问题与对策研究[J].浙江经济,2011(23):24-31.

6.潘家玮.跳出浙江 发展浙江:浙江在外投资创业基本情况调研文集[M].北京:研究出版社,2005.

7.田玉珏,薛伟江,桑熙."习书记鼓励浙商发展'地瓜经济'"——习近平在浙江(三十三)[N].学习时报,2021-04-14(3).

"一带一路"建设是我国在新的历史条件下实行全方位对外开放的重大举措、推行互利共赢的重要平台。

——摘自习近平总书记在主持中共十八届中央政治局第三十一次集体学习时的讲话(2016 年 4 月 29 日)①

构建以国内大循环为主体、国内国际双循环相互促进的新发展格局,是根据我国发展阶段、环境、条件变化,特别是基于我国比较优势变化,审时度势作出的重大决策。

——摘自习近平总书记在党的十九届五中全会第二次全体会议上的讲话(2020 年 10 月 29 日)②

以国内大循环为主体,绝不是关起门来封闭运行,而是通过发挥内需潜力,使国内市场和国际市场更好联通,更好利用国际国内两个市场、两种资源,实现更加强劲可持续的发展。

——摘自习近平总书记在企业家座谈会上的讲话(2020 年 7 月 21 日)③

第七章　新时代对内对外开放发展:打造"双循环"战略节点

◆◆ 本章要点

1. 2018 年 11 月,习近平总书记在首届中国国际进口博览会上

---

①　习近平.习近平谈治国理政(第二卷)[M].北京:外文出版社,2017:500.

②　习近平.新发展阶段贯彻新发展理念必然要求构建新发展格局[J].求是,2022(17):4-17.

③　习近平.在企业家座谈会上的讲话[EB/OL].(2020-07-21)[2024-07-09].https://www.gov.cn/xinwen/2020-07-21/content_5528791.htm.

提出"支持长江三角洲区域一体化发展并上升为国家战略"①。浙江认真落实国家重大战略，高质量推进长三角一体化发展。

2.2013年9月和10月，习近平总书记分别提出建设"丝绸之路经济带"②和21世纪"海上丝绸之路"③。浙江积极响应，充分利用"开放程度高、经济实力强、辐射带动作用大的优势"，高质量参与"一带一路"建设。

3.2015年5月，习近平总书记考察岙山国家战略石油储备基地时指出："石油战略储备对国家意义重大。舟山储备基地已经建成，前景很好。要发挥优势，继续开发建设，为国家石油储备打好基础。"④浙江坚决贯彻落实习近平总书记重要指示精神，将自贸试验区发展与国家安全紧密联系在一起，高质量建设浙江自贸试验区。

4.2020年10月，党的十九届五中全会提出"加快构建以国内大循环为主体、国内国际双循环相互促进的新发展格局"。浙江在支撑建设新发展格局中走在前列，高质量打造"双循环"战略共轭枢纽。

---

① 习近平在首届中国国际进口博览会开幕式上的主旨演讲（全文）[EB/OL]. (2018-11-05)[2023-07-16]. https：//www. gov. cn/xinwen/2018/11/05/content_5337572. htm.

② 习近平. 弘扬人民友谊　共创美好未来——在纳扎尔巴耶夫大学的演讲[EB/OL]. (2013-09-07)[2023-07-16]. http：//politics. people. com. cn/n/2013/0908/c1001-22842914. html.

③ 习近平在印度尼西亚国会的演讲（全文）[EB/OL]. (2013-10-03)[2023-07-16]. https：//www. gov. cn/govweb/ldhd/2013-10/03/content_2500118. htm.

④ 习近平总书记舟山行[EB/OL]. (2015-05-27)[2023-07-16]. http：//www. xinhuanet. com/politics/2015/05/27/c_1115417143. htm.

第一节 高质量推进长三角一体化发展

2018 年 11 月,习近平总书记在首届中国国际进口博览会上提出"支持长江三角洲区域一体化发展并上升为国家战略"[①]。2019 年 5 月,中共中央政治局会议通过了《长江三角洲区域一体化发展规划纲要》。在此背景下,浙江省认真落实国家重大战略,于 2019 年 6 月制订《浙江省推进长江三角洲区域一体化发展行动方案》,明确了浙江推进长三角一体化发展的总体要求、重点任务和工作举措,浙江正式进入高质量推进长三角一体化发展时期。

一、浙江推进长三角一体化的发展历程

从国家政策来看,2010 年 5 月,国务院正式批准实施《长江三角洲地区区域规划》;2016 年 5 月,国务院通过了《长江三角洲城市群发展规划》;2018 年 7 月,《长三角地区一体化发展三年行动计划(2018—2020 年)》正式印发;2019 年 12 月,《长江三角洲区域一体化发展规划纲要》正式印发。国家对长三角高质量一体化的关注度逐渐提升。

从浙江省政府工作报告来看,2014—2018 年对推进长三角一体化均仅提出了方向性建议,如"加快推进长三角区域一体化发展"(2014),"更加主动接轨上海、积极推进长三角一体化发展"(2015),"积极参与长江经济带建设,加大接轨上海力度,积极推进与周边省市的合作交流"(2016),"主动接轨上海、推动长三角一体化"(2017),"推动长三角一体化发展,充分发挥嘉兴等邻沪地区的

---

① 习近平在首届中国国际进口博览会开幕式上的主旨演讲(全文)[EB/OL]. (2018-11-05)[2023-07-16]. https://www.gov.cn/xinwen/2018-11/05/content_5337572.htm.

桥头堡作用"(2018)。2019年起，浙江省政府工作报告开始对推进长三角一体化提出实质性要求，如2019年提出，"加快落实长三角一体化发展国家战略。坚持全省域全方位融入长三角，充分发挥浙江体制机制、对外开放、数字经济、绿水青山、民营经济等优势，制定浙江推进长三角一体化发展行动纲要，共同打造长三角一体化发展示范区。加快推进嘉兴全面接轨上海，提升舟山群岛新区建设水平，合作共建G60科创走廊，共同实施长三角一体化发展三年行动计划，牵头抓好数字长三角、世界级港口集群、油气贸易中心建设，推动重点任务落到实处"。2020年提出，"以'四大'建设为载体推动长三角一体化发展""加快推进长三角一体化发展重大标志性工程。合力推进长三角生态绿色一体化发展示范区建设，纵深推进小洋山全域一体化开发，推进长三角联合创新基地、数字长三角、都市圈城际轨道等一批重大标志性工程，协同推进长三角港口一体化发展，打造世界级港口群。突出政府主导、企业主体，谋划实施宁波前湾沪浙合作发展区、嘉兴全面接轨上海桥头堡。推动共建苏浙皖产业合作区、平湖—金山产城融合发展区，促进省际毗邻区域协同发展"。2021年提出，"深度融入长三角一体化高质量发展和长江经济带发展""统筹推进区域协调发展。推进长三角一体化高质量发展。制定实施我省推进长三角一体化发展标志性工程，推进沪杭甬湾区经济创新区建设。加快长三角生态绿色一体化发展示范区建设，共建江南水乡客厅。共同打造长三角科技创新共同体。深化港口合作开发，推动构建长三角世界级港口群。加快建设浙江国际油气交易中心，合作共建长三角期现一体化油气交易市场。推动实现公共服务领域'民生一卡通'，共建长三角公共卫生等重大突发事件应急体系。合力推进杭黄自然生态和文化旅游廊道建设。加快长三角跨省市轨道交通项目建设,谋划推进长三角智慧公路建设"。

从地方政策来看,浙江省 2019 年 6 月制订《浙江省推进长江三角洲区域一体化发展行动方案》,提出全域融入、战略协同、重点突破、合力推进四项基本原则,示范区先行探索、中心区率先融入、多板块协同联动、全省域集成推进四大推进路径,长三角创新发展增长极、长三角世界级城市群金南翼、长三角幸福美丽大花园、长三角改革开放引领区四大目标,以及高水平建设大湾区、高品质建设大花园、高标准建设大通道、高能级建设大都市区、高层次扩大对外开放、高起点发展数字经济、高质量发展民营经济、高普惠共享公共服务、高效能深化"最多跑一次"改革九大重点任务。

从区域范围来看,《长江三角洲地区区域规划》涉及浙江全域;《长江三角洲城市群发展规划》涉及杭州、宁波、湖州、嘉兴、绍兴、金华、舟山、台州;《长江三角洲区域一体化发展规划纲要》同样涉及浙江全域,但提出了以杭州、宁波、温州、湖州、嘉兴、绍兴、金华、舟山、台州为中心区。

二、浙江在长三角地区市场一体化程度的变动趋势

本节将借鉴陆铭和陈钊[①]的方法来计算浙江在长三角地区市场一体化程度的变动趋势,以市场分割程度的倒数作为市场一体化指数,即市场分割程度越低,市场一体化程度越高,具体计算公式如下:

---

① 陆铭,陈钊.分割市场的经济增长——为什么经济开放可能加剧地方保护[J].经济研究,2009(3):42-52.

$$m_j = 1/\mathrm{var}\Big[\Big|\ln\Big(\frac{p_{it}^k}{p_{it-1}^k}\Big) - \ln\Big(\frac{p_{it}^k}{p_{jt-1}^k}\Big)\Big| - \frac{1}{n}\sum_j \Big|\ln\Big(\frac{p_{it}^k}{p_{it-1}^k}\Big)$$
$$- \ln\Big(\frac{p_{jt}^k}{p_{jt-1}^k}\Big)\Big|\Big]$$

其中,下标 i 为浙江;下标 j 为长三角地区中除浙江以外的地区; m_j 为浙江与地区 j 之间的市场一体化程度;$\mathrm{var}(.)$ 为方差函数;p_{it}^k 表示 t 时期浙江产品种类为 k 的商品零售价格;p_{jt}^k 表示 t 时期 j 地区产品种类为 k 的商品零售价格。该指数的内在含义为:区域间的市场一体化程度越高,商品在区域间的流动程度越低,根据一价定律,区域间的商品价格差异程度就越低。但由于不同区域间消费者收入水平的差异,因此以商品价格的波动程度来刻画市场一体化程度更为合适。也就是说,两个区域间商品零售价格的相对波动程度越小,那么这两个区域的市场一体化程度就越高。

在具体的计算过程中,选择以下 16 种商品的零售价格指数:纺织品、服装及鞋帽、化妆品、家具、家用电器及音像器材、建筑材料及五金电料、交通及通信用品、金银珠宝、燃料、日用品、食品、书报杂志及电子出版物、体育娱乐用品、文化办公用品、饮料及烟酒、中西药品及医疗保健用品。[①] 经计算,2013—2020 年浙江与长三角三省市的市场一体化程度如图 7-1 所示。

从图 7-1 中可以看出,2020 年浙江与江苏的市场一体化程度最高,与上海的市场一体化程度最低,并且与上海的市场一体化程度在 2013—2020 年间一直处于较低水平,除 2017 年外,其他年份均处于最低水平。从图 7-1 中还可以看出,浙江与长三角三省市的

---

① 数据来源于国研网区域经济数据库,参见 http://data.drcnet.com.cn/dataTable?id=32&structureId=175。

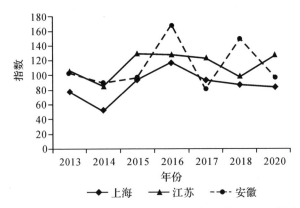

图 7-1　2013—2020 年浙江与长三角三省市的市场一体化程度①

市场一体化程度的最低值均出现在 2014 年,在 2015—2016 年达到最高值。

　　随后本节将进一步计算浙江与长三角三省市 2018 年和 2020 年各月份的市场一体化程度,即将时间维度拓展至月份,具体结果如图 7-2 所示。从图 7-2 中可以看出,2018 年 7 月和 2019 年 12 月这两个政策冲击点之后,浙江与长三角地区的市场一体化程度均呈现上升趋势,但持续时间均不超过半年,这意味着中央政策的实施的确在一定程度上提高了长三角地区的市场一体化程度,但产生效应持续时间较短,仅靠政府力量来推进长三角一体化进程并非长效机制。

三、浙江推进长三角一体化发展的战略选择

(一)打造不可替代的、具有全球影响力的独特产业优势

　　区域一体化与产业特色化并不矛盾,区域一体化水平越高,各地分工特色竞争力越明显,而产业越同构,实际上越偏离一体化。浙江要超越现有的电子商务优势,切实打造数字科技中心、数字产

---

① 注:2019 年数据缺失。

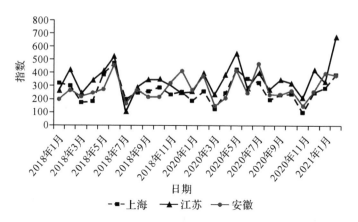

图 7-2　2018 年和 2020 年各月份浙江与长三角三省市的市场一体化程度

业中心、数字贸易中心和数字金融中心四位一体的、具有全球影响力的数字经济中心,并且进一步培育和凸显在科技创新、自由贸易港探索建设等领域不可替代的优势。当前,浙江在大数据、云计算、跨境电子商务等产业的全国竞争力优势显著,要牢牢把握智能革命的数据端口与运算枢纽,推进数字产业化与产业数字化深度发展,更加侧重提升数字科技的原始创新与自主创新能力,加快推动新一代数字化、智能化技术向工业、金融、城市管理等领域的融合扩展。

(二)打造难以流动的、难以进行贸易的独特要素与环境优势

区域一体化水平越高,要素流动越自由,那些本身难以流动、难以进行贸易的区域特色元素就越重要。依托舟山深水港优势,以国际大宗商品储运、交易、深加工、海事、金融服务为特色,积极推动申报宁波舟山自由贸易港探索建设,协同上海共建国际一流航运中心。依托浙江大学、之江实验室、西湖大学等科研院所力量,加快提升在人工智能、大数据、生物科技等新一代前沿学科的原始创新与产业化能力,打造国际一流的科技科教优势。以浙西南板块的独特生态优势为主,进一步提升生态要素能量,推动绿色发展,最终打造长三角大花园和全国领先的绿色发展示范区。基于浙江"最多跑一次"的改革成果,率先构建国企、民企、外企基本一致"全面负面清单"制度,推动"最多跑一次"向"基本不用跑"升级拓展,同时在关键共性环节如创新激励、市场协调等市场薄弱领域,推动政府主动"跑出去",发挥关键作用,构建高效透明健全的政务服务与营商环境。

(三)打造对流动要素具有强大配置力的、以民营企业家为核心的独特能力优势

随着长三角一体化战略的推进,产品、资金、技术、产权等要素均可通过自由贸易和内部交易实现流动,在此情景下,最具活力、对其他流动要素具有配置力的企业家将在增强区域竞争力中发挥根本性作用。主要举措如下:一是依托浙江民营企业家优势,源源不断地培育、集聚和升级浙江的企业家能力优势。悉心培育打造一批浙江系跨国公司群,鼓励企业在共建"一带一路"国家及全球范围内进行生产布局和要素配置,构建形成"浙江总部＋全球基地"的国际价值整合新模式。二是集聚一批海外回归企业群。加快建设海外并购回归产业园,打造特色"华商之窗",引导华商回归创新与二次创业发展。三是引进一批高质量外资外智企业群。继续加大外资外企引进力度,提升引进质量与标准,形成高质量外资外智企业集聚高地。四是孵化一批新生独角兽企业群,进一步加大对国外智力、资本、新创企业团队的引进力度。鼓励新生中小企业专注深耕,强化创新,提升质量和加强品牌建设,打造更多细分领域的隐形"冠军"企业与独角兽企业。

◆◆ 【案例 7-1】

长三角生态绿色一体化发展示范区(嘉善片区)

三年来,由上海青浦、江苏吴江、浙江嘉善组成的长三角生态绿色一体化发展示范区累计推出了 112 项制度创新成果,其中 38 项已面向全国复制推广。随着沪苏嘉城际铁路、水乡客厅等重大工程的相继开工,示范区持续推进的重点项目已达 108 个,示范区开发者联盟成员单位数量扩大到了 53 家。

示范区两批制度成果已经初步形成一体化效应。比如,在规划管理上,示范区"一张蓝图管全域";在生态环保上,青浦、吴江、嘉善执法"三统一";在要素流动上,示范区做到了知识产权跨省份联合保护,科技创新券跨省份通用通兑;在公共服务上,面向两区一县居民推出社保卡"一卡通"服务。

在示范区嘉善片区,通过运用浙江全省 66 项重大改革(应用)成果,形成了全国首个跨省份区块链平台"区域协同万事通"等 18 项数字化改革成果,其中政务服务一体化、医保一体化改革分获浙江改革创新最佳实践案例和浙江改革突破奖。

在重点难点领域聚力攻坚,示范区 2022 年又推出 39 项新成果。例如,出台"碳达峰、碳中和"具体实施方案,打造一批绿色低碳示范片区和项目;出台共同富裕实施方案,推动示范区从公共服务领域"分散式"跨域合作,走向系统全面的整体谋划、一体推进,为推进共同富裕提供跨省份实践范例。

一体化红利逐步释放,带来高质量发展动能。三年来,示范区地区生产总值年均增长 7.4%,规模以上工业总产值年均增长 10.9%,2021 年国家高新技术企业达 2411 家,较上年增长 31.5%。

值得一提的是,近三年,示范区嘉善片区的规模以上工业总产值增量超过示范区成立前10年的总增量,2022年将首次突破2000亿元。得益于一体化,浙大智慧绿洲、祥符实验室、嘉善复旦研究院等一批科创载体持续导入嘉善,嘉善高新技术企业数两年翻番,蝉联浙江"科技创新鼎"。

案例来源:拜喆喆,顾雨婷.推出制度创新成果112项,38项全国推广 长三角一体化示范区亮出三年成绩单[N].浙江日报,2022-11-16(3).

案例简析 >>>

嘉兴市坚定不移地将全面融入长三角一体化发展作为引领和推动高质量发展的首位战略,在落实长三角生态绿色一体化发展示范区等重要国家战略任务上展现了责任担当,示范区一体化制度创新成果不断涌现。

长三角生态绿色一体化发展示范区的建设经验也反映出高质量一体化的两大"转向"。

第一,在城市间的竞争合作关系上,要从"长各长、短各短"转向战略拉长板、整合克短板。长三角生态绿色一体化发展示范区建设中的示范区"一张蓝图管全域",正是战略拉长板、整合克短板的体现。目前,长三角内部城市之间的产业链分工与价值链地位存在较为明显的同构与重叠,产业越同构,实际上越偏离一体化,而区域一体化水平越高,各地分工特色竞争力就越明显。随着长三角一体化进程的深入,各地面临更大的市场分工与配置范围,更应该摈弃之前的跟风长板、自克短板思维,站在长三角全局审视自身优势与不足,以全局共建思维,促进竞争协同发展,而不是内部同化、重复建设。在短板克服上,要更加善于通过城市群间的整合分工,借力、合力克服自身短板。比如城市在产业链的局部环节存在弱势,应尽可能通过切入长三角城市产业链、利用周边城市的互补性优势等,加速对自身短板的跨越,对一些关键共性短板,应进一步通过与周边城市合作共建克服。在借力、合力克服短板基础上,更重要的是把自己的长板进一步拉长、凸显出来,各个地方越打造出自己的长板(比如产业、人才等),就越能强强协同推动高质量一体化。这是推动高质量一体化的关键思维,否则就容易陷入低质量一体化陷阱,导致重复建设和低效竞争。

第二,在改革重心上,要从产品市场转到要素市场。长三角生态绿色一体化发展示范区建设中的政务服务一体化、医保一体化等改革举措正是要素市场一体化改革的重要举措。当前,产品市场自由发育在两省一市尤其是上海、浙北、苏南一带已较为完善,除可能涉及各地财政支持的医药等公共产品特殊行业部门之外,绝大部分商业产品的价格,由于电子商务的迅速普及,在长三角各城市之间已逐渐趋同。根据中国经济改革研究基金会国民经济研究所发布的《中国分省份市场化指数报告(2018)》,沪苏浙三省市的政市关系、民营经济以及法治环境等方面均遥遥领先,市场化总指数平均超过9.7(满分为10)。与此对比,各区要素市场发育这一细分领域明显落后,在全国排名并不高,背后可能揭示出各城市为竞争发展在要素市场流动方面设置了行政藩篱。要素市场是构建健全市场体系不可分割的一部分,促进市场对要素配置的决定性作用是当前促进供给侧结构性改革的重大突破口,也是获取市场改革红利的新路径。当前应逐渐打破较大外生的县域、市域与省域不同层面的多级行政分割,以人才、资金、产权的要素端自由流动与配置改革为纽带,推动要素充分涌流、高效配置与自由分工,获取要素市场配置效率新红利,推动长三角真正高质量一体化。

第二节　高质量参与"一带一路"建设

　　自 2014 年"一带一路"相关内容首次写入浙江省政府工作报告以来,浙江省充分利用了"开放程度高、经济实力强、辐射带动作用大的优势",积极参与和助力"一带一路"建设,数年间取得了丰硕成果,根据 2019 年 6 月浙江省发改委公布的建设成果清单,共形成合作成果 56 项,其中合作倡议建设成果 3 项,合作平台建设成果 28 项,投资项目建设成果 16 项,示范园区成果 9 项。从 2014—2020 年浙江进出口数据来看,浙江对共建"一带一路"国家的进口增长率要显著高于非共建"一带一路"国家,出口增长率也高于非共建"一带一路"国家。

一、浙江参与"一带一路"建设的发展历程

　　浙江参与"一带一路"建设可以分为两个时期,探索试验期(2014—2017 年)和枢纽建设期(2018 年至今)。2018 年 5 月,《浙江省打造"一带一路"枢纽行动计划》正式发布,标志着浙江全面进入"一带一路"的枢纽建设期。

(一)探索试验期

　　在 2014 年浙江省政府工作报告中,与"一带一路"相关的内容首次出现在"2014 年重点工作"中,在"积极构建开放型经济新体制"中以"认真落实国家区域发展总体战略,积极参与丝绸之路经济带、21 世纪海上丝绸之路、长江经济带建设"的形式出现。在 2015 年浙江省政府工作报告中,以"积极参与丝绸之路经济带和 21 世纪海上丝绸之路、京津冀协同发展、长江经济带三大战略的实施""加强与'一带一路'沿线国家的交流合作"的形式出现在"认真

落实国家重大战略"中。在2016年浙江省政府工作报告中,提出"打造'一带一路'倡议桥头堡""规划建设义甬舟开放大通道,成为贯穿浙江沿海山区、连接丝绸之路经济带和海上丝绸之路的战略桥梁",这一思想在2017年浙江省政府工作报告中也得以体现,同时2017年浙江省政府工作报告还提出了打造"网上丝绸之路"。

探索试验期浙江对共建"一带一路"国家的贸易额从2014年的6690亿元上升至2017年的8165亿元,年均增长率为6.87%,高于5.18%的浙江省总体进出口额增长率。其中,浙江对共建"一带一路"国家的出口额从2014年的5455亿元上升至2017年的6378亿元,年均增长率为5.35%,高于4.50%的浙江省总体出口额增长率;进口额从2014年的1235亿元上升至2017年的1787亿元,年均增长率为11.31%,高于7.43%的浙江省总体进口额增长率,具体如图7-3所示。

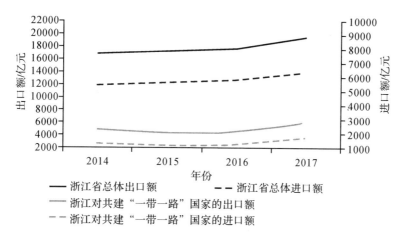

图7-3 2014—2017年浙江及对共建"一带一路"国家的贸易情况[①]

---

① 根据浙江省商务厅公布的2014—2017年浙江省进出口统计数据整理计算而得,参见 http://zcom.zj.gov.cn/col/col1385118/index.html。

浙江在探索试验期的多项成果为参与"一带一路"建设奠定了良好基础,十大标志性工程多数始于探索试验期,如"义新欧"中欧班列于 2014 年正式运营,首届中国—中东欧国家投资贸易博览会于 2015 年举行,2017 年首个海外 eWTP 落地马来西亚,浙江自贸试验区正式挂牌。

(二)枢纽建设期

基于前期取得的丰硕成果,2018 年浙江将参与"一带一路"建设的战略定位转变为"一带一路"枢纽,浙江正式进入"一带一路"枢纽建设期。

2018 年浙江省政府工作报告中首次提出"全面实施打造'一带一路'倡议枢纽行动计划",随后打造"一带一路"枢纽均出现在之后的省政府工作报告中。2018 年 6 月,《浙江省打造"一带一路"枢纽行动计划》正式发布,提出了"一区(自贸试验区)、一港(国际枢纽港)、一网(数字贸易网)、一站(境外服务站)、一园(国际合作园)、一桥(民心连通桥)"的总体格局。2019 年围绕总体格局,提出了十大标志性工程:中国(浙江)自由贸易试验区、宁波舟山国际枢纽港、"17+1"经贸合作示范区、世界电子贸易平台(eWTP)、"义新欧"中欧班列、境外经贸合作区与系列服务站、省内国际产业合作园区、国际人文交流、华商华侨创业创新试验区、"一带一路"综合服务平台。

枢纽建设期浙江对共建"一带一路"国家的贸易额从 2018 年的 8967 亿元上升至 2020 年的 11576 亿元,年均增长率为 11.36%,高于 8.84% 的浙江省总体进出口额增长率。其中,浙江对共建"一带一路"国家的出口额从 2018 年的 6822 亿元上升至 2020 年的 8356 亿元,年均增长率为 10.67%,高于 8.98% 的浙江省总体出口额增长率;进口额从 2018 年的 2145 亿元上升至 2020 年的 3220 亿元,年均增长率为 22.52%,高于 8.44% 的浙江省总体进口额增长率,具体如图 7-4 所示。

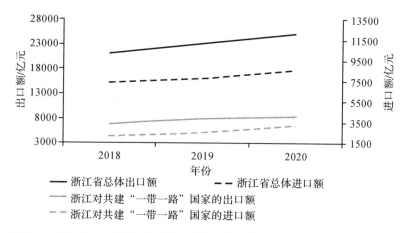

图 7-4 2018—2020 年浙江及对共建"一带一路"国家的贸易情况①

二、浙江参与"一带一路"建设的重点方向

2021 年 3 月 29 日,浙江省推进"一带一路"建设工作领导小组、中国(浙江)自由贸易试验区工作领导小组举行会议,时任浙江省委书记袁家军就 2021 年浙江省"一带一路"建设提出了五点要求。②

要突出改革突破和制度创新,扎实推进自贸试验区建设,加快建设数字自贸区,持续巩固扩大油气全产业链特色优势,着力构筑自贸试验区新片区特色优势。

---

① 根据浙江省商务厅公布的 2018—2020 年浙江省进出口统计数据整理计算而得,参见 http://zcom.zj.gov.cn/col/col1385118/index.html。

② 袁家军主持召开省"一带一路"建设工作领导小组和浙江自贸试验区工作领导小组会议[EB/OL].(2021-03-29)[2024-04-22]. https://www.thepaper.cn/newsDetail_forward_11943991? ivk_sa=1023197a。

要扎实推进义甬舟开放大通道建设，围绕畅通全球物流网络，提升宁波舟山港"硬核"力量，实质性推动"四港联动"，打造联运枢纽，提升航空门户枢纽功能，实施义甬舟开放大通道西延工程，更好发挥对内陆牵引带动作用，加快"义新欧"班列提质扩量。

要扎实推进与中东欧国家的深度交流合作，高质量举办中国—中东欧国家博览会，深化建设"17＋1"经贸合作示范区，扩大与中东欧国家贸易规模。

要扎实推进"优进优出"战略，着力推动内外贸一体化发展，实施"一带一路"贸易畅通计划和"品质浙货·行销天下"工程，扩大优质商品和服务进口，打造高质量外资集聚地，积极主动运用自贸协定，构建内外市场联动、线上线下一体的新格局。

要扎实推进国际科技、产业、人文紧密合作，做大做强"鲲鹏行动"等引才平台，强化全球科技精准合作，推动海外系列站布局发展，深化境外经贸合作区建设，支持企业高质量参与全球产业链重构，实施海内外名校"筑巢引凤"工程，做好"后疫情时代"国际友好交流。

三、浙江参与"一带一路"建设的战略行动

2019年，浙江深入推进"一带一路"枢纽行动计划，打造十大标志性工程，进一步提高竞争力。本节将重点介绍十大标志性工程，由于中国（浙江）自由贸易试验区将在第三节中详尽阐述，因此本节不再赘述。

（一）宁波舟山国际枢纽港

项目背景：宁波舟山港由北仑、洋山、六横、衢山、穿山等19个港区组成，2015年实现实质性一体化。2020年完成货物吞吐量

11.72 亿吨,连续 12 年位居世界第一,完成集装箱吞吐量 2872 万标准箱,位列全球第三。在《浙江省海洋港口发展"十三五"规划》中,宁波舟山港的功能定位为"以落实国家区域发展战略为导向,以大宗商品中转和集装箱运输发展为核心,充分发挥港口对大宗商品交易、保税加工、自由贸易、海洋产业集聚等方面的带动优势,推进港口由传统运输平台向物流平台、信息平台、贸易平台、产业平台、金融平台拓展,加快建成全球一流枢纽港"。

重点任务:统筹新建一批 10 万吨级以上集装箱泊位和 20 万吨级以上油品、铁矿石泊位。加快舟山江海联运服务中心建设,积极与"21 世纪海上丝绸之路"沿线港口合作。共同打造长三角世界级港口集群,积极与"一带一路"沿线、长江经济带沿线港口组建港航联盟。打造宁波东部新城、舟山新城两大国际航运服务集聚区,提升"海丝"指数影响力。共同打造长三角世界级港口集群,将宁波舟山港建成联通"一带一路"、辐射长三角和长江经济带的国际现代港航门户枢纽。到 2022 年,实现货物年吞吐量超过 12.5 亿吨,集装箱年吞吐量超过 3000 万标准箱,海上国际航线超过 200 条。

(二)"17+1"经贸合作示范区

项目背景:前身为"16+1"经贸合作示范区。2017 年 11 月,李克强总理和中东欧国家领导人在匈牙利布达佩斯举行会晤并发表了《中国—中东欧国家合作布达佩斯纲要》,明确"各方支持在宁波等中国城市设立 16+1 经贸合作示范区"[①]。2018 年 6 月,在第三次中国—中东欧国家经贸促进部长级会议上,全国首个"16+1"经

[①] 李克强. 在第六次中国—中东欧国家领导人会晤上的讲话[EB/OL]. (2017-11-28)[2023-07-16]. http://www. scio. gov. cn/tt/34849/Document/1606843/1606843. htm.

贸合作示范区在宁波正式揭牌。2019年4月12日,希腊作为正式成员加入"16＋1合作","16＋1"经贸合作示范区变为"17＋1"经贸合作示范区。

重点任务:高水平建设中国—中东欧博览会、中国—中东欧国家贸易便利化检验检疫试验区和索非亚中国文化中心"三大平台",实施贸易促进、投资合作、机制合作、互联互通、公共服务、人文交流"六大示范工程"。推动中国—中东欧博览会升格为国家级展会。积极引进中东欧高层级人才。到2022年,宁波与中东欧国家进出口贸易额超过55亿美元,实现宁波与中东欧国家进出口贸易额翻一番。将宁波打造成为中东欧商品进入中国市场、中国与中东欧国家双向投资合作和人文交流的首选之地,辐射带动全省乃至全国深化与中东欧国家的开放合作。

(三)世界电子贸易平台(eWTP)

项目背景:eWTP是由私营部门发起、各利益相关方共同参与的世界电子贸易平台,被写入2016年G20杭州峰会领导人公报。2017年3月海外第一个商业试点——马来西亚数字自由贸易区启动,目前已在马来西亚、卢旺达、比利时、埃塞俄比亚等多国落地。

重点任务:支持世界电子贸易平台(eWTP)以市场化方式推进全球布局。推动eWTP杭州试验区建设,将杭州建成"数字丝绸之路"重要战略枢纽城市。深入推进跨境电商发展,深化杭州、宁波、义乌跨境电商综合试验区建设。争取到2022年全省跨境电商零售出口额达到1400亿元以上。打造以数字贸易为标志的新型贸易中心,成为"数字丝绸之路"的门户枢纽。

(四)"义新欧"中欧班列

项目背景:2014 年 9 月 26 日,习近平总书记在北京会见西班牙首相拉霍伊时,提出了开行"义乌—马德里"班列的倡议。[①] 52 天后的 11 月 18 日,"义新欧"中欧班列(义乌—马德里)从义乌发车。2020 年共开行 1399 列,同比增长 129.6%,位列全国第四。

重点任务:集全省之力打造"义新欧"中欧班列全省统一品牌,推动组建物流联盟,推动班列增点扩线和双向常态化运行。提升班列贸易便利化水平,扩大义乌铁路口岸开放,推动金义综保区、义乌保税物流中心(B 型)扩容升级、一体运营。建成联结辐射范围最广、市场化程度最高、运营效益最好的中欧班列示范线路之一,成为亚欧大陆互联互通的重要纽带。

(五)境外经贸合作区与系列服务站

项目背景:截至 2020 年底,浙江省共有省级境外经贸合作区 11 家,其中位于共建"一带一路"国家的有塞尔维亚贝尔麦克商贸物流园区、文莱大摩拉岛石油炼化工业园区、捷克(浙江)经贸合作区、百隆(越南)纺织园区、中柬国际农业合作示范园区、乌兹别克斯坦农林科技产业园区、印尼纬达贝工业园区。

重点任务:推进境外经贸合作区建设,到 2022 年力争建成省级及以上境外经贸合作区 12 家以上。加快推进"一带一路"捷克站建设,全面建成"一场多园"(货运场、物流园、商贸园、工业园和综合服务园)。规划布局迪拜站等具有综合功能、区域辐射力的系列境外服务站。优化境外经贸合作区与系列服务站布局,指导推

---

① 第一视点 | "莫名其妙""无中生有""点石成金"——义乌故事:何以勇立潮头[EB/OL].(2023-12-24)[2024-06-21].https://news.cctv.com/2023/12/24/ARTIOV0sf-cLUCjb0YZiEYr9V231224.shtml.

动民营企业以市场化方式建设境外经贸合作区与系列服务站，将境外经贸合作区与系列服务站打造成"一带一路"倡议合作平台浙江样板。

（六）省内国际产业合作园区

项目背景：截至 2020 年底，省内共有国际产业合作园区 19 家，其中与共建"一带一路"国家合作的有新加坡杭州科技园、浙江中捷（浦江）产业合作园、浙江中捷（宁波）产业合作园。

重点任务：到 2022 年围绕重点国别建设 20～30 家国际产业合作园，争取 10 家纳入两国合作框架，建成国家级国际产业合作园。高水平规划建设国际化元素和外资重大项目聚集的国际合作特色小镇。将国际产业合作园和国际合作特色小镇打造成为全省外向型经济新增长极、全球高端资本的重要投资目的地。

（七）国际人文交流

项目背景：截至 2022 年底，与浙江省建立友好交流关系的地区共有 79 个，其中位于共建"一带一路"国家的地区共有 30 个。[①]"一带一路"地方合作委员会（英文简称 BRLC）成立于 2017 年，由杭州市人民政府与中国人民对外友好协会在"世界城市和地方政府联合组织"亚太区框架内共同发起成立，秘书处设于杭州。

重点任务：完善友城合作机制，到 2022 年新增国际友城 10 对以上。支持杭州城西科创、宁波梅山、海宁鹃湖等一批国际科技教育合作平台建设。规划建设杭州、宁波国际组织集聚区，充分发挥"一带一路"地方合作委员会（BRLC）等国际组织的作用，扩大开放

---

① 根据浙江省人民政府外事办公室公布的历年浙江省友城信息整理计算而得，参见 http://fad.zj.gov.cn/col/col1321201/index.html。

合作。支持金华中非文化合作交流示范区建设。办好一批重大国际会议会展、国际文化和旅游交流活动，推进美丽浙江国际传播平台建设。力争教育、科技、医疗卫生、旅游、文化等国际合作走在前列，成为"一带一路"国际人文交流最活跃的省份之一。

（八）华商华侨创业创新试验区

项目背景：2018 年 10 月国家发改委向温州复函，明确提出温州可作为第二个试验区，在此基础上，温州提出建设世界华商回归创业创新主要目的地、世界华商国际贸易创新发展集聚地、世界华商参与"一带一路"建设启航地、世界华商资源要素配置地。2018 年 12 月，浙江省推进"一带一路"建设工作领导小组第二次（扩大）会议审议通过《浙江（青田）华侨经济文化合作试验区建设方案》。

重点任务：规划建设世界（温州）华商综合试验区、浙江（青田）华侨经济文化合作试验区，探索符合海外华侨华人意愿和国际通行规则的跨境投资及贸易机制，建立服务和保障华侨创业安居制度新体系，成为全球侨商共同参与"一带一路"建设的金色桥梁，打造全国最优的华商华侨创业创新试验区。

（九）"一带一路"综合服务平台

项目背景：整合"一带一路"相关服务平台，为"一带一路"建设提供支撑，其中浙江省"一带一路"综合服务中心隶属于省发改委，浙江"一带一路"网由省发改委主办。

重点任务：以对外开放领域"最多跑一次"改革为牵引，创新完善"一带一路"建设服务体系，加快建设浙江"一带一路"大数据中心、"一带一路"网、"一带一路"综合服务中心、"一带一路"跨国服务平台、自贸区信息与咨询服务平台、高质量外资集聚地服务平台、"一带一路"智库合作联盟、应对技术性贸易壁垒信息服务平台、宁波港口经济监测分析平台等综合性服务平台。

◆◆◆ 【案例 7-2】

宁波中国—中东欧国家经贸合作示范区

作为全国首个中国—中东欧国家经贸合作示范区，宁波迎来了"高光时刻"：中国国际日用消费品博览会从 2019 年起更名为中国—中东欧国家博览会暨国际消费品博览会（简称"中东欧博览会"），并明确首届博览会于 2019 年 6 月 8 日至 6 月 12 日在宁波举办，主办单位为浙江省人民政府、商务部。至此，中东欧博览会成功获批升格为国家级展会。

宁波成为全国最大的中东欧商品集散地。为有利于中东欧商品进入中国市场并为国内商家提供交易机会，宁波专门在国际会展中心设立了中东欧商品常年展馆，已有 15 个国家 23 个特色馆入驻，汇聚了 3000 余种特色商品；加上 1500 平方米的中东欧 16 国综合展厅，这里已成为全国规模最大、品类最全的中东欧商品集散地。此外，宁波还在全国开了 37 个进口商品直销中心，里面设有中东欧商品展示专区；携手华润万家打造中东欧商品节；在网易考拉平台上开设了异域中东欧馆，多方帮助中东欧商品开拓中国市场。

宁波与中东欧国家落地的双向投资项目有 141 个，在全国领先。美诺华药业联手斯洛文尼亚最大的制药公司科尔康，投资 7000 万欧元在宁波设立了合资公司，主营业务为医药制剂和生物制剂的研发、生产和销售。均胜集团在罗马尼亚、波兰等中东欧国家设有生产基地，向奔驰、宝马、奥迪等客户输送汽车高端功能件，年销售额超 50 亿元。东方日升公司则在捷克、斯洛伐克、保加利亚建设光伏电站后，又拿下了罗马尼亚 3400 万欧元的光伏电站项目，随后又开始开拓匈牙利市场。敏实集团在塞尔维亚投资 5000万欧元建设了汽配生产厂。

宁波与中东欧 78 个院校建立了合作关系。在宁波扩大高水平开放的棋局里，人才被视为第一资源和战略资源。2019 年 5 月20 日，宁波市"一带一路"语言学院在浙江万里学院举行第一届中俄文化交流班和第一届捷克语特色班结业典礼。7 名俄罗斯学生和 38 名中国学生成了该学院的首批毕业生，他们都已被宁波或者中东欧国家的企业"预订"走了。宁波市高校已与中东欧 16 国的78 个院校建立了合作关系，签署近 100 项教育合作项目，双向交流学生累计突破 500 人。

案例来源：段琼蕾.搭建合作"大舞台" 唱响共赢"大合唱" 首届中国—中东欧国家博览会 8 日宁波拉开帷幕[N].浙江日报,2019-06-07(4).

案例简析 >>>

"一带一路"超越了纯粹的贸易自由化和投资便利化要求，旨在推进综合的发展与交流，主要包含经济领域合作与非经济领域合作的融合以及经济领域内各层面之间的整合。因此，推进"一带一路"建设的着力点应以项目推动为突破口、以投资与产能合作为主导、以文化互鉴与民心相通为支撑，这也正是宁波中国—中东欧国家经贸合作示范区取得巨大成就的经验所在。

以项目推动为突破口。"一带一路"跨区域合作应把重点放在重大项目上，从偏向务虚的合作转变为以务实为主的项目合作，以实质性合作为主导推动基础设施、经贸等方面重大项目的实施。美诺华药业、均胜集团、东方日升公司、敏实集团等在共建"一带一路"国家的重大项目推动"一带一路"建设走深走实。这些项目也获得了国家领导人的关注,如塞尔维亚总统武契奇出席了敏实集团塞尔维亚汽配生产厂的开业典礼,并发表重要讲话。

以投资与产能合作为主导。与传统的贸易合作模式相比,投资合作对成员方当地市场的冲击较小,并且不仅能通过产业转移、反向技术溢出、产业关联等效应带动当地产业发展、转型升级以及就业,改善当地生活环境和产业环境,还能促进贸易发展,拓展成员方之间的贸易合作。宁波在"一带一路"建设中坚持"引进来"和"走出去"并重,2022 年实际利用外资 37 亿美元,比上年增长 13.1%;新引进世界 500 强企业项目 6 个;形成跨境贸易投资高水平开放改革试点政策 13 项;新批境外投资企业和机构 191 家,比上年增长 2.7%;核准备案中方投资额 39.6 亿美元,比上年增长 63.2%。①

以文化互鉴与民心相通为支撑。多文明交流与互鉴是古丝绸之路精神的表现,也是"一带一路"区域经济合作的重要支撑。宁波市各级各类院校与 16 个中东欧国家的教育合作项目总数已近 100 项,为两地推动深层次人文交流与教育合作奠定了坚实基础。成立全国首个"一带一路"产教协同联盟、丝绸之路商学院联盟等教育联盟,建成宁波海上丝绸之路研究院、宁波中东欧国家合作研究院等地方智库,实质性推进中国与中东欧国家在产教协同、高技能人才培养领域的战略合作。

---

① 2022 年宁波市国民经济和社会发展统计公报[EB/OL]. (2023-02-28)[2023-07-16]. http://tjj. ningbo. gov. cn/art/2023/2/28/art_1229042910_58918053. html;宁波市 2023 年政府工作报告(全文). (2023-01-06)[2023-07-16]. https://zjnews. zjol. com. cn/zjnews/202301/t20230116_25309336. shtml.

第三节　高质量建设中国(浙江)自由贸易试验区

建设中国(浙江)自由贸易试验区是"党中央、国务院作出的重大决策，是新时代推进改革开放的战略举措"①。浙江自贸试验区自 2017 年 4 月正式挂牌以来，建设成效显著，截至 2020 年 4 月，共形成特色制度创新成果 116 项，位居第三批自贸试验区第一，并且于 2020 年 9 月正式扩区，成为继上海自贸试验区之后，全国第二个扩区的自贸试验区。②

一、浙江自贸试验区的发展历程

本节根据浙江自贸试验区的发展特征，将浙江自贸试验区划分为战略谋划、"131"建设、联动发展三个时期。

(一)战略谋划：2011—2016 年

浙江探索建设自由贸易试验区可追溯至 2011 年，国务院于同年正式批准设立浙江舟山群岛新区。2013 年 1 月，国务院在批复的《浙江舟山群岛新区发展规划》中提到"加快建设舟山港综合保税区，条件成熟时探索建立自由贸易园区和自由港区"，明确了建设综合保税区、自由贸易园区、自由港区"三步走"的战略。

早期关于浙江自贸试验区功能定位的相关研究均围绕海洋经济展开，如在国务院发展研究中心舟山自由贸易园区发展研究课

---

① 参见《关于支持中国(浙江)自由贸易试验区油气全产业链开放发展的若干措施》《中国(浙江)自由贸易试验区扩展区域方案》。

② 黄先海，夏文忠.中国(浙江)自由贸易试验区发展蓝皮书(2017—2020)[M].杭州：浙江大学出版社，2020：20.

题组的《舟山自由贸易园区发展研究》中,关于浙江自贸试验区的功能定位为"世界上最开放的海洋经济自由区""国际海洋高端制造业中心""全球海洋现代服务业中心""海洋产业跨国公司总部聚集地""以海洋经济为核心的高端产业聚集地""我国海洋强国战略的核心支持";在商务部国际贸易经济合作研究院课题组的《设立舟山自由港试验区的方案研究》中,关于浙江自贸试验区的功能定位为"面向环太平洋地区的国际航运枢纽""大宗商品进口中心""大宗商品保税加工、保税物流中心""区域性国际转口贸易中心""区域性国际港航服务中心""现代海洋产业国际化发展示范区""区域性国际海洋、海岛旅游示范区""国际金融和国际商务综合服务示范区"①。

油品成为浙江自贸试验区的主要特色可以追溯至 2015 年 5 月,习近平总书记专程考察岙山国家战略石油储备基地时指出:"石油战略储备对国家意义重大。舟山储备基地已经建成,前景很好。要发挥优势,继续开发建设,为国家石油储备打好基础。"②自此,浙江自贸试验区将自身发展与国家安全紧密联系在一起,围绕着增强我国全球资源配置能力、强化国家资源能源保障筹备自贸试验区建设。同时,油品全产业链建设也是对《浙江舟山群岛新区发展规划》中"建设大宗商品储运中转加工交易中心"的进一步深化。从当时的国内背景来看,2014 年我国进口石油 3.1 亿吨,对外依存度为 59.6%,石油战略储备只有约 30 天,远低于 90 天的国际标准,而舟山已建油品储罐约 1600 万吨(其中战略储备 400 万吨,

---

① 黄先海,夏文忠.中国(浙江)自由贸易试验区发展蓝皮书(2017—2020)[M].杭州:浙江大学出版社,2020:3.

② 习近平总书记舟山行[EB/OL].(2015-05-27)[2023-07-16].http://www.xinhuanet.com/politics/2015-05-27/c_1115417143.htm.

占国家储备一期工程的 1/3),并且截至 2014 年底,舟山共有 14 家保税油库,保税库容约 1200 万立方米,超过了新加坡的 1000 万立方米的总容量。但是从保税燃油供应量来看,2014 年,舟山供应量为 66.5 万吨,占全国比重为 5.5%,不足新加坡的 2%。① 从日后的发展情况来看,浙江自贸试验区油品全产业链上的快速增长印证了当时选择这一战略突破口的高瞻远瞩,2019 年浙江自贸试验区保税燃油供应量突破 400 万吨,占国内市场份额近 4 成,接近新加坡的 10%。基于浙江舟山自身资源禀赋以及国家战略需求,自贸试验区的建设重点不断明晰,最终形成了《中国(浙江)自由贸易试验区总体方案》。

(二)"131"建设:2017—2019 年

2017 年 4 月 1 日,浙江自贸试验区正式挂牌成立。根据《中国(浙江)自由贸易试验区总体方案》,浙江自贸试验区实施范围为 119.95 平方千米,涵盖三个片区:舟山离岛片区 78.98 平方千米(含舟山港综合保税区区块二 3.02 平方千米),舟山岛北部片区 15.62 平方千米(含舟山港综合保税区区块一 2.83 平方千米),舟山岛南部片区 25.35 平方千米。

2018 年,浙江自贸试验区进一步落实《总体方案》的试点任务,继续围绕油气全产业链建设,确定了"一中心三基地一示范区"的发展目标,"131"建设成了浙江自贸试验区建设的核心内容。"一中心三基地一示范区",即国际油品交易中心、国际海事服务基地、国际油品储运基地、国际石化基地以及大宗商品跨境贸易人民币国际化示范区。在《总体方案》"推动油品全产业链投资便利化和

---

① 黄先海,夏文忠.中国(浙江)自由贸易试验区发展蓝皮书(2017—2020)[M].杭州:浙江大学出版社,2020:4.

贸易自由化"中"三基地一中心"的基础上进一步拓展深化,这意味着浙江自贸试验区的建设将同时涉及国家能源安全、国家贸易平衡、国家下一步人民币结算国际话语权这三大问题,重点从定价、储备和人民币结算三个方面解决国家能源安全问题,真正实现油品全产业链的中国闭环。

2017 年 4 月至 2020 年 3 月,浙江自贸试验区成果丰硕,新增油品企业累计 5727 家,年均增长 115％;大宗商品交易额累计 10637 亿元,年均增长 61％,其中油品交易额累计 6525 亿元,年均增长 111％;油品贸易额(销售额)累计 6073.7 亿元,年均增长 121％;油品储备能力达 2790 万吨(3100 万立方米),年均增长 17％;船用燃料油直供量累计 949 万吨,年均增长 61％;外轮供应货值累计 41.79 亿美元,年均增长 107％;石化项目投资额累计 1068 亿元,年均增长 80％;跨境人民币结算额累计 1721 亿元,年均增长 440％。[①] 在国际油品交易中心建设上,2019 年 7 月起,两家世界著名独立能源报价和分析机构——普氏全球能源和英国阿格斯能源,就 0.5％380CST、0.1％MGO 两种 IMO2020 合规燃油以及主流燃油品种发布舟山估价,初步形成保税船用燃料油"舟山价格";在国际海事服务基地建设上,舟山跃升为全国第一、世界第八大加油港;在国际油品储运基地建设上,舟山油品储备能力达到 2790 万吨,约贡献国家石油储备天数的 1/4,已建成全国最大的油气储运基地;在国际石化基地建设上,世界单体投资最大、国内民营企业投资规模最大的浙江石油化工有限公司石化炼化一体化项目落地舟山;在大宗商品跨境贸易人民币国际化示范区建设上,舟山聚

---

① 黄先海.夏文忠.中国(浙江)自由贸易试验区发展蓝皮书(2017—2020)[M].杭州:浙江大学出版社,2020:4.

焦"跨境人民币结算量"和"大宗商品跨境贸易"两方面,推动金融创新政策先行先试,积极做大跨境人民币业务。

在制度创新上,浙江自贸试验区挂牌三年内,《总体方案》中89项试点任务已全部实施;复制国务院以及各部委推广的改革试点经验共184项;形成特色制度创新成果共116项;被国务院及相关国家部委在全国复制推广27项,其中10项制度创新成果列入国务院第四批、第五批复制推广名单,4项改革试点经验列入商务部第三批"最佳实践案例",13项被国家相关部委复制推广。特别是聚焦油气市场开放和资源全球配置,打造油气领域闭环改革体系,通过建设民营炼化一体化项目、开展保税燃料油混兑调和以及原油非国营贸易进口资格试点、开展成品油"批发无仓储"试点、油库功能整合和油品贸易跨境人民币结算等改革创新举措,形成36项制度创新成果,推动了全国油品市场管理体制改革。

(三)联动发展:2020年至今

2020年9月21日,国务院印发《中国(浙江)自由贸易试验区扩展区域方案》(以下简称"扩区方案"),浙江自贸试验区正式进入联动发展阶段。根据扩区方案,浙江自贸试验区扩展区域实施范围119.5平方千米,涵盖三个片区:宁波片区46平方千米(含宁波梅山综合保税区5.69平方千米、宁波北仑港综合保税区2.99平方千米、宁波保税区2.3平方千米),杭州片区37.51平方千米(含杭州综合保税区2.01平方千米),金义片区35.99平方千米(含义乌综合保税区1.34平方千米、金义综合保税区1.26平方千米)。

扩区方案的雏形可见于2019年8月浙江省政府办公厅印发的《关于进一步推进中国(浙江)自由贸易试验区改革创新的若干意见》中明确提出的要在浙江省范围内建设"自贸试验区联动创新

区"。2019 年 12 月,浙江省政府正式批复同意设立杭州、宁波、温州、嘉兴、金华、台州等 6 个联动创新区。通过对比可以发现,扩区方案中宁波片区和金义片区的功能定位与联动创新区方案基本一致,具体如表 7-1 所示。

表 7-1　扩区方案与联动创新区方案中各地功能定位对比情况

片区	扩区方案	联动创新区方案
杭州	新一代人工智能创新发展试验区 国家金融科技创新发展试验区 全球一流的跨境电商示范中心 数字经济高质量发展示范区	数字贸易创新区 数字产业国际合作引领区 数字金融发展先行区 数字政务服务示范区
宁波	油气资源配置中心 国际供应链创新中心 全球新材料科创中心 智能制造高质量发展示范区	国际油气资源配置中心 新型国际贸易中心 全球新材料和智能制造科创中心 全国制造业高质量发展示范区
金义	国际小商品自由贸易中心 数字贸易创新中心 内陆国际物流枢纽港 制造创新示范地 "一带一路"开放合作重要平台	国际小商品自由贸易中心 数字贸易创新中心 中国制造创新策源地和标准输出示范地 "一带一路"开放合作高地

二、浙江自贸试验区的制度创新成果

根据国务院发布的《关于做好自由贸易试验区第四批改革试点经验复制推广工作的通知》《关于做好自由贸易试验区第五批改革试点经验复制推广工作的通知》《关于做好自由贸易试验区第六批改革试点经验复制推广工作的通知》,浙江自贸试验区共有 11 项制度创新成果列入国务院第四批、第五批和第六批复制推广名单,各制度创新成果如下。

(一)简化外锚地保税燃料油加注船舶入出境手续

主要内容:对在外锚地停泊加注燃料油的外籍船舶,正常办理边检手续。载运油料前往锚地实施油料加注的境内船舶与油料加注工人,需办妥《搭靠外轮许可证》《登轮许可证》。对在外锚地停泊加注燃料油的船舶采用一次办结出入境手续。

创新点:在政策法规允许的范围内,进一步简化外锚地加注燃料油船舶出入境手续监管程序,最大限度地减轻企业负担、降低生产成本。

(二)外锚地保税燃料油受油船舶便利化海事监管模式

主要内容:对受油船舶,结合代理一次登轮的操作模式,以代理公司和外轮诚信管理为基础,通过亚太地区港口国监督计算机信息系统(APCIS)预先查询并采信加油外轮证书信息,实现"一次性申报、一次性审批、一次性办结"且基本不登轮查验的通关模式。

创新点:制定《外锚地加注保税燃料油国际航行船舶口岸手续流程》,将外锚地加注保税燃料油国际航行船舶口岸手续流程从常规的 3 次办理变为 1 次办理。

(三)外锚地保税燃料油受油船舶"申报无疫放行"制度

主要内容:推出《海上加注保税燃料油国际航行船舶检疫监管制度》,采取"事前报备、风险评估、诚信管理、闭环监管"的监管模式,在确保口岸公共卫生安全的基础上,对赴浙江自贸试验区仅办理加注保税燃料油的出入境国际航行船舶实施分级管理,为受油船舶提供"申报无疫放行"等便利化通关措施。

创新点:一是允许受油船舶在外锚地(非检疫锚地)接受检疫监管;二是对来自传染病受染地区或动植物疫区,但经风险评估认为疫情风险较低且诚信申报的受油船舶实施电讯检疫和远程监管，不再实施登轮检疫。

（四）保税油供油企业信用监管新模式

主要内容：对供油企业实行"诚信管理"制度，从作业单位的现场监管记分、行政处罚及安全或污染事故、安全和防污染体系（或制度）制定和执行、作业船舶安全信用等级等方面进行综合评定，分为 A、B、C 三个信用等级，实施差别化管理。

创新点：提高了现场检查的针对性。

（五）进境保税金属矿产品检验监管制度

主要内容：推出《进境保税金属矿产品检验监管制度》，根据保税入境金属矿产品流转路径的不同，采取差别化检验监管措施，对进入自贸试验区的金属矿产品实行检疫、放射性检验和固废属性查验，强化入境前金属矿产品安全、卫生、环保项目指标的查验，简化品质检验、数重量鉴定项目查验，采信第三方数重量鉴定结果，对入区后复出区的保税金属矿产品不予检验。

创新点：一是实施预检验，在一线入区时提前对整批保税货物进行全套检验，出区进口时不再进行重复检验，仅作核销，节省大量通关时间和成本；二是采信第三方检验鉴定机构的数重量鉴定结果；三是实施分类管理；四是突破对金属矿产品入境须进行强制指标检测的规定。

（六）保税燃料油供应服务船舶准入管理新模式

主要内容：允许保税燃料油供应企业以期租的形式租用水路运输企业所属适装船舶从事船舶保税燃料油供应业务，出台保税燃料油供应服务船舶"白名单"。

创新点：为保税燃料油供应企业提供了更多租船选择。

（七）国际航行船舶进出境通关全流程"一单多报"

主要内容：依托国际贸易"单一窗口"国家标准版运输工具（船舶）申报系统，在全国范围内率先实现国际航行船舶进出境通关全流程"单一窗口"网上申报和电子核放。企业一次性录入船舶相关信息，分别发送海事、海关（含检验检疫业务）、边检等口岸查验单位并经审批通过，能够快速完成船舶进出境通关全流程手续。

创新点：在全国范围内率先实现"业务全流程覆盖"，实现对船舶备案、进境/港、在港、出境/港等进出境通关全流程21个业务环节的全覆盖。企业无须重复提交有关单证信息，由"四次填报、四次复核"优化为"一次填报、一次复核"，最大限度地实现数据简化，大幅提高了申报办理速度。

（八）保税燃料油跨港区供应模式

主要内容：浙江自贸试验区参照《关于开展宁波舟山港船舶供受油、清舱作业监管一体化试点的通知》，正式启动船舶供受油、清舱作业监管一体化试点工作。根据试点要求，舟山海事局和宁波海事局对跨港域船舶油料供受作业单位备案情况予以互认，即供受作业单位在两地海事部门进行备案后就可以在宁波舟山港范围内开展供油作业，创新船舶油料供受作业单位备案管理，建立常态化信息沟通机制，统一了执法标准，为企业节省了大笔仓储费和运输费。

创新点：过去舟山籍供油船不能向宁波港域外轮供油，必须租用宁波的船，还要在当地租油罐、设立公司，到宁波海事部门备案。通过该项改革，实现舟山海事局和宁波海事局对跨港域船舶油料供受作业单位备案情况互认，供受作业单位在其中一地海事部门进行备案后就可以在宁波舟山港范围内开展供油作业。

(九)进口粮食江海联运检疫监管制度创新

主要内容:推行长江经济带粮食检验检疫监管一体化,建立前后港"信息互通、执法互助、结果互认"工作机制,在舟山组织联合检疫查验,加快粮食通关放行。对进口粮食调运船舶适载性风险管理,利用移动视频监控和 GPS 船舶轨迹全程定位进江船舶,防范调运环节存在的短重、撒漏以及疫情扩散的风险。

创新点:一是实行"24 小时登轮＋现场快速查验＋实验室加急检测"模式,现场驻点开展全天候作业;二是利用进出境动植物及其产品检验检疫信息管理平台系统实现进境粮食调运管理电子化、网络化;三是开展调运船舶适载性管理,规范江海联运使用船舶,安装移动视频监控,替代人工监管。

(十)进境保税油检验监管制度

主要内容:在入区实施安全、卫生、环保项目监管的基础上,简化数重量鉴定、品质检验监管。在数重量检验方面根据货物流转方式不同实施分类监管,对于入区复出境的仅作备案要求,对于出区转进口的采取预检验加第三方采信的便利措施;在品质检验方面,对出区转进口批次多、间隔短、品质稳定的货物,可视情况参照相邻批次的指标结果,不再重复检验。同时,对进口油品储运企业和报检企业实施分级管理,配套出台《进口油品相关企业分级管理工作规定》,根据企业的不同信用等级实施不同程度的便利化政策。赋予 A 级企业全天候现场查验作业、保税油转进口"集中检验、分批核销"、现场实验室快速检验、优先办理通关放行手续等检验检疫优惠政策。

创新点:一是实施预检验,在一线入区时提前对整批保税货物进行全套检验,出区转进口时不再进行重复检验,仅作核销,节省通关时间和成本；二是采信第三方检验鉴定机构的数重量鉴定结果；三是采用信用管理、分类监管模式，为信用企业量身定制预检验、现场快速检测等创新措施，具有很强的针对性和实效性。

（十一）绿色船舶修理企业规范

主要内容：制定《舟山市绿色船舶修理企业规范条件（试行）》，内容涵盖生产基本条件要求、质量管理要求、资源综合利用要求、安全生产和职业健康要求、环境保护要求、企业规范条件管理六项主要内容。

创新点：确立先进企业样板，是我国首个绿色船舶修理企业的行业规范。

三、浙江自贸试验区的未来探索方向

结合浙江自身的优势以及发展情况，未来浙江自贸试验区建设应聚焦于探索建设数字自贸试验区、浙沪联动共建自由贸易港。

（一）探索建设数字自贸试验区

数字自贸试验区是国家战略需求与浙江产业基础的战略结合点，也是"在更广领域、更大范围形成各具特色、各有侧重的自贸试验区试点格局，推动全面深化改革扩大开放"的重要体现。建设数字自贸试验区围绕监管数字化和探索数字贸易新规则两个方面展开。

一是监管数字化。充分发挥浙江自贸试验区离岛多、易管控的优势，以数字围网取代物理围网，形成可复制、可推广的数字化监管经验。首先是加快数字口岸建设。打通涉外监管部门的数据壁垒，加快涉海、涉港、涉船等数据共享，实现口岸全业务数据落地。加快数字"单一窗口"建设，提升跨境贸易便利化水平。巩固扩大国际贸易"单一窗口"和国际航行船舶无纸化改革成果，争取口岸通关业务全面实现无纸化。重点建设口岸协同监管平台、智慧物流服务平台和智能应用服务平台,实现口岸辅助监管服务的协同、口岸物流服务的延伸和贸易便利化服务的拓展,构建自贸试验区数字口岸生态体系。通过"单一窗口"平台,为海事、海关、边检等口岸联检单位联合登临船舶检查提供数字化支撑。将物联网、人脸识别等技术运用于口岸通关管理,探索建设大数据时代人员货物跨境流动管理体系。推进大通关和电子口岸建设,推进口岸资源优化配置,整合一线查验资源,分流二线辅助资源,完善信息化支撑体系。其次是建设智慧监管体系。按照"数据一体化、应用一体化、监管智慧化"建设目标,建立统一的市场监管数据资源整合、共享、交换平台。构建浙江自贸试验区"信息技术+产品+业务"三维度监管新体系,运用大数据实现电子证照、企业档案、产品档案、政务公开、稽查执法的高效管理和运作,运用移动互联网、物联网、区块链提升水产品、海洋生物药品、非特化妆品、船舶保税维修、保税燃料油加注追溯能力,运用人工智能提高风险监测、风险分析、预警、应急管理等能力。通过数据挖掘分析,建设大数据决策分析生态系统,探索动态监测和智能预警的日常监管模式。

二是探索数字贸易新规则。2018年4月,美国向WTO总理事会提交了关于电子商务谈判的探索性文件,该文件建议从信息自由流动、数字产品的公平待遇、隐私保护、数字安全、互联网服务便利化、竞争性电信市场和贸易便利化七个议题展开数字贸易相关的谈判,并提出了详细的要求,数字自贸试验区建设应围绕这七个议题展开。在信息跨境流动上,确保消费者和公司不受任意或者歧视性限制。在数字设备本地化要求上,逐步放开信息服务提供者在数据存储等方面的本地化要求。制定网络信息负面清单,政府根据清单管理自贸试验区中的网络信息，禁止政府随意过滤或阻碍网络信息。在数字产品贸易上，赋予区内数字产品永久性零关税待遇，并给予区内数字产品非歧视性待遇。区内所有企业在市场准入时不必披露源代码或算法，并且禁止强制性技术转让以及本地技术要求。允许企业使用创新性的数字加密技术，禁止强制要求企业使用国内加密技术和标准。提升政府基于风险分析的方法应对网络安全事件的能力。将WTO《服务贸易总协定》中的市场准入承诺拓展至互联网服务业，并逐步推进政府信息公开化。逐步放松电信市场的市场准入限制，取消外资准入股比条件，并减少境外企业在区内开展新业务的限制性条件。充分落实《贸易便利化协定》并设置合理的免关税跨境包裹门槛。

（二）浙沪联动共建自由贸易港

一是功能定位。通过促进以"零关税、零壁垒、零补贴"为核心的贸易自由化、促进以"境内开放＋竞争中立"为核心的投资自由化、促进以"国民待遇＋风险可控"为核心的人力资本流动自由化、促进以人民币国际化为核心的金融自由化，建设国际经济中心、国际金融中心、国际贸易中心、国际航运中心、国际科创中心的核心功能区以及港岛产城一体化的离岛型、综合型自由贸易港，打造中国参与国际竞争的核心平台、对标与引领国际高标准贸易投资规则的试验田、虚实经济深度融合的海洋大数据服务中心、海陆内外联动与东西双向互济的战略枢纽。

二是战略举措。首先，促进以"零关税、零壁垒、零补贴"为核心的贸易自由化，实施高效便捷的货物出入境自由政策，建立低税赋并且公平的自由贸易港税收体系，打造一体化信息管理体系，提升贸易便利化程度，推进大小洋山港的合作建设。其次，促进以

"境内开放＋竞争中立"为核心的投资自由化,完善负面清单管理模式,营造国际一流营商环境,推进形成浙沪一体化的投资管理政策。再次,促进以"国民待遇＋风险可控"为核心的人力资本流动自由化,培育市场化人才引进体系,推进人才引进的"单一窗口"建设,整合人才引进管理机构,完善高端人才配套服务。最后,促进以人民币国际化为核心的金融自由化,打通离岸人民币回流渠道,培育浙沪一体化人民币离岸市场,打通离岸人民币和离岸外币国际性投融资渠道,推进落实大宗商品期现交易合作建设。

◆◆◆ 【案例 7-3】

首家原油非国营贸易进口资格企业获批

商务部正式批准赋予浙江物产中大石油有限公司原油非国营贸易进口资格,物产中大成为浙江自贸试验区乃至浙江省首家拥有原油非国营贸易进口资格企业。

2018 年以来,浙江自贸试验区围绕《总体方案》中明确的"支持赋予符合条件的 2～3 家自贸试验区内企业原油进口和使用资质",全力推动这一重大政策突破落地,重点抓好首家原油非国营贸易企业落地。

浙江物产中大石油有限公司由浙江物产金属集团控股,与浙江天禄能源、舟山交投集团三方合资组建。浙江自贸试验区管委会数十次对接国家发改委、商务部等有关部委,打通"申请通道",并争取对部分条件实行"容缺受理",执行"先资质、后配额"的申请路径。2019 年 1 月 14 日,商务部对外贸易司发布公告,浙江物产中大石油有限公司申请原油非国营贸易进口资格获通过,并进行了为期 10 天的公示。

布局油品全产业链,是浙江自贸试验区的核心亮点。这一批复对浙江自贸试验区围绕油品全产业链"131"建设总体部署,推进国际油品贸易交易中心建设,特别是做大做强原油贸易、发展原油期货和现货交易等,具有里程碑式的重大意义。

目前,浙江自贸试验区国际油品贸易交易中心建设已取得明显进展。除了首家原油非国营贸易企业资质获批以外,由浙江石油和嘉能可集团合资的第二家企业已经完成组建;同时,截至 2018 年,浙石化炼化一体化项目已经累计获批两批共 900 万吨原油进口配额,完成了项目投产前的原料准备。

据统计,2018 年浙江自贸试验区新增油品企业 1998 家,实现油品贸易额 2213.88 亿元,同比猛增 237%,带动全市外贸进出口总额同比增长 45%,并为全省外贸进出口总额达 2.8 万亿元、同比增长 11% 作出了积极贡献。

案例来源:首家原油非国营贸易进口资格企业获批[EB/OL]. (2019-03-13)[2023-01-07]. http://zcom.zj.gov.cn/art/2019/3/13/art_1384592_30998296.html.

案例简析 >>>

《中国(浙江)自由贸易试验区总体方案》中提到,"放宽原油、成品油资质和配额限制(允许量),支持赋予符合条件的 2~3 家自贸试验区内企业原油进口和使用资质"。原油非国营贸易进口资格的获得是落实该任务的重要举措,并且据浙江自贸试验区相关工作人员的表述,该资格的申请并非针对特定企业,满足一定条件的贸易企业均可申请。随后一些达到条件的企业均提出申请,2019 年 10 月,浙江石油化工有限公司也获得了原油非国营贸易进口资格。

经毕马威评估,该案例被选为浙江自贸试验区全国首创的制度创新案例之一,意义重大,并且具有较高的可复制推广性。

第四节　高质量打造"双循环"战略共轭枢纽

2020 年 10 月,党的十九届五中全会通过的《中共中央关于制定国民经济和社会发展第十四个五年规划和二〇三五年远景目标的建议》提出"加快构建以国内大循环为主体、国内国际双循环相互促进的新发展格局"。浙江在支撑构建新发展格局中走在更前列,打造"双循环"战略共轭枢纽。

一、全球产业链分工模式的新动向

20 世纪 80 年代以来,以产品内分工为主要表现形式的全球产业链,逐步成了推动全球经济增长的关键因素。然而,自 2008 年国际金融危机爆发以来,经济全球化遭遇逆流,贸易摩擦加剧,尤其在新冠疫情冲击下,世界各国经济增速放缓,甚至出现负增长,各国充分意识到了全球供应链过度分散或过度集中在某一地区的潜在风险。安全及风险变量,作为一种底线思维,被深度嵌入国际分工逻辑中,使当前单纯的成本效率分工导向,让位于兼顾效率与利得双重逻辑的国际分工新导向,进而牵引全球产业链分工格局发生三大新变化。

(一)宏观空间形态上的区域化转变

在新冠疫情冲击下,医药及医疗设备、电子信息等关键产业发生了较为严重的全球供应链"阻塞"甚至"断链"。在此背景下,主要大国将会加快弥补、完善各自产业链的短板与缺口。2020 年 4 月,美国、日本、德国等国明确出台相关政策,支持产业回流本国。美国白宫国家经济委员会主任库德洛表示,美国政府愿意支持美国企业迁出中国回流美国,搬迁支出可以计入相关费用抵扣;日本政府出台了追加预算方案,将会使用 2200 亿日元预算资助企业把生产地点迁回日本,235 亿日元资助企业将生产转移到其他国家;德国政府宣布修改《对外经济法》,旨在对非欧盟国家投资实施更加严格的审核,执行更加严格有效的审核标准,限制对外投资的目的很大程度上是为了让投资回流本国。虽然不可能每个国家都建立独立、完整的产业链,但主要大国会优先考虑在国内以及联合地理上邻近的经济体,积极组建区域化的更完整、安全的供应链。如 2020 年 7 月 1 日,旨在替代北美自由贸易协定的"美国—墨西哥—加拿大协定"正式生效,美国试图通过《美墨加三国协议》(USMCA)建立区域内贸易壁垒和较强的对外贸易壁垒,以达到巩固以美国为中心的北美区域价值链的战略目的。

(二)中观产业形态上的链群化转变

从欧洲来看,自新一轮全球分工网络重构(经济全球化)开启以来,欧洲的制造业中心已逐步由西欧"蓝香蕉"地带(从英国东北部,经过荷兰、德国,然后折向奥地利,最终进入意大利北部)向以德国为中心的中欧地区转移,诸多西欧国家(特别是德国)与中东欧国家之间形成了复杂而紧密的产业链网络。尤其值得关注的是,自 2004 年欧盟实现东扩后,借助欧洲统一大市场内商品、劳动力、资本、服务的自由流动,西欧国家制造业产业链向中东欧延伸的潜力已得到相当充分的释放。新冠疫情冲击后,企业生产、投资、并购决策将更加考虑在产业上下游密集区域布局,以最大限度地降低全球分散采购和运输风险。产业中某一核心环节或领导企业一旦在区域中落地,便会产生强大的连锁效应,带动上下游众多企业集聚形成产业链群。在产业链群内部,企业纵向密切分工、横向密集成群,既可具备产业集群的成本优势,又可获得上下游协同优势。

(三)微观生产形态上的备份化转变

新冠疫情的冲击使企业认识到安全、可控的供应链系统对持续发展的极端重要性。出于提升话语权以及规避风险的考虑,产业链龙头企业将积极开发上下游尤其是上游第二来源、备份供应商,并积极增设额外的安全库存,形成一种常用与备用双轨运行的产业链结构。以华为公司为例,在美国以国家安全为由,将其列入出口管制实体名单内,限制美企向华为出售技术产品之后,华为公司迅速启用"备胎计划",短时间内将零部件供应商转移到国内,通过产业链系统的备份化维护供应链安全,分散不确定性风险。

二、浙江打造"双循环"战略共轭枢纽的方向

发挥数字经济领先与企业家充裕优势,构建产业链"链主",打造产业链"大脑",布局技术链"策源地",建成长三角产业链大区的建构者,在支撑构建新发展新格局中走在更前列,展现新作为。

(一)"链主"战略

聚焦关键新兴产业领域,主动建构全球新一代产业链"链主"。新冠疫情冲击危中带机,倒逼数字经济、智能制造、生命健康等战略性新兴产业加速崛起。浙江在新一代互联网、数字安防、云计算等局部产业领域已初步体现优势。要加快实施面向新兴产业的产业链建构型战略,鼓励领导企业、平台型企业对国内上下游产业资源的生态构建,从产业链"嵌入者"转变为产业链"链主"。抓住世界经济衰退与全球产业资产价格下滑周期,推动巨型企业"走出

去"，到国际市场进行产业链资源纵向整合，加强产业链薄弱环节，提升价值链地位，打造全球新一代产业链建构者与价值链主导者，提升构建新发展格局的全局统筹能力。

(二)"大脑"战略

推动数字技术与全产业链深度聚合，布局产业链"大脑"。全产业链数字化是数字经济发展的必然趋势和高级阶段，工业互联网等数字技术在疫情防控与复工复产进程中已先显示出强大的变革能力。未来可首先从企业层面加快推动数字化变革，建设一批"数字工厂"，扩大行业示范效应，形成全产业链智能运行的微观基础。其次，加大行业级、区域级工业互联网平台培育力度，推进supET等跨行业、跨区域平台在长三角各城市的垂直聚合与横向协同，打通产能、库存、物流、价格等市场供需信息交流渠道，形成长三角产业链供应链"大脑"，构建全流程无接触的智能运行系统，降低全产业链运行成本，提升全产业链抗冲击性、抗隔离性。

(三)"策源地"战略

协同突破技术链薄弱环节，打造技术链的创新"策源地"。具体可从以下两条路径同步展开：一是全面梳理主导产业及新兴产业的技术链短板清单，组建面向行业、科技、经济深度融合，创新生态活跃的技术链联合体。更好地发挥政府的协调作用，协同研究型高校、科研院所、企业研发机构等上下游创新链资源，打通研发、转化、应用等体制链"堵点"，以核心技术知识为产出目标，形成源源不断的科技创新循环，确保长三角数字经济等战略性新兴产业技术安全可控。二是积极推进新时代全球知识产权战略，创造条件扩大国内外科技创新合作，规避知识产权风险，提升对海外技术及知识产权的储备与应用管理能力。

◆◆【案例 7-3】

融入新发展格局的最佳实践:市场采购2.0

义乌市集成市场采购 2.0 改革推进对外贸易发展,是浙江省第一批服务和融入构建新发展格局 22 个"最佳实践"之一。

近年来,义乌市创新设立市场采购贸易方式,探索形成了"一机制五配套一联网"政策体系,从根本上解决了商品市场国际化的制度缺位问题,让更多的中国制造走向全球,并在全国 30 个市场复制推广。在此基础上,义乌率先迭代集成市场采购 2.0 改革,全面推广实施组货人制度,率先实施市场采购预包装食品出口试点,在全国首创市场采购出口信用保险,创设"海运贷"数字融资,带动 2021 年义乌出口同比增长 21.8%。

义乌市的具体做法如下:一是加快"市场采购＋跨境电商"发展,推动贸易链条数字化。依托 chinagoods 和环球义达平台,将市场商户、外商、外贸公司、组货人、报关行等各类主体纳入贸易服务闭环,推动成交、集散拼箱、物流履约、跨境结算等贸易全流程数字化,至 2021 年底线上注册用户达 16 万户。引导外贸主体上线阿里巴巴国际站,线上线下两个市场拿订单,2021 年新增 7000 家主体,总数超过 1.6 万家。二是拓展"市场采购＋海陆空物流"服务,推动物流通道贸易化。依托铁路口岸二期培育美森快船集散中心,推动"市场采购＋美森快船"再上新台阶。做强"义新欧"贸易线、发展线,2021 年出口 130 亿元。推动河南保税集团等项目落地,2021 年"市场采购＋空运"出口达到 13 亿元。全面推行市场采购组货人管理制度,规范市场采购出口秩序。培育一批优质国际联托运企业,构建以"国内集货仓＋国际专线＋

海外仓"为基础的国际联托运市场。三是建立"市场采购＋合规化财务闭环",推动贸易治理便利化。依托数字综保区,创新数字贸易监管规则,建设数字监管平台,发展"市场采购＋一般贸易/转口"集拼业务,打造全国拼箱组货集散中心。向上级海关申请扩展"1039＋6033"等转口集拼应用范围,拓展至 B 保、综保等海关特殊监管区域或场所。探索市场采购出口财务合规化,推动跨境电商出口常态化,制定与市场采购出口贸易相适应的企业所得税管理政策。四是创新"市场采购＋数字金融"产品,推动贸易服务金融化。推动市场采购出口数据真实溯源,实现商流、资金流、物流和信息流"多流合一",开展基于贸易数据的电子交易直连结汇等数字金融改革。争取数字化收结汇、数字人民币应用等试点项目,创新打造国际贸易资金通道。创新出口供应链金融产品,全面推广担保交易服务,保障市场商户收款安全,完善市场采购出口信保,组合推广"货款宝"担保产品,实现"一手交钱、一手交货"。

面对日益加剧的国内外竞争,义乌市充分挖掘出口产业的内生增长动力,为出口额稳增长做好蓄力。积极培育贸易新业态新模式,实现"1039＋6033"转口贸易集拼模式,2021 年转口贸易达16.7 亿元,是 2020 年的 6 倍以上。加快布局海外贸易网络,已累计在全球范围运营布局海外仓 145 个,覆盖五大洲 50 个国家的 97个城市。在欧洲、非洲、中东等地布局 15 个"带你到中国"贸易服务中心,并在迪拜建成 15 万平方米的义乌商贸城。

案例来源:浙江省第一批服务和融入新发展格局"最佳实践"展示(四)[EB/OL].(2022-03-15)[2023-06-26]. https://www.sohu.com/a/530009018_121123888.

案例简析 〉〉〉

义乌一直走在贸易体制机制改革的前列,市场采购模式是义乌国际贸易综合改革试点获批以来所形成的向全国复制推广的先进经验,并进一步提出市场采购模式 2.0,为构建新发展格局提供了义乌经验。主要体现为以下几个方面。

一是重视体制机制创新。义乌认真落实习近平总书记提出的"要全面推进体制机制创新"①,将体制机制创新放在首位,是全国首个县级市国际贸易综合改革试点、现代物流创新发展试点、电子商务大数据应用统计试点、国家社会信用体系创建示范城市。

二是自身发展与国家战略相结合。小商品市场发展与国际贸易综合改革相结合,向全国复制推广市场采购模式经验;国际陆港建设与"一带一路"建设相结合,探索中欧班列民企运营模式;供应链物流发展与国家物流枢纽建设相结合,构建辐射全球的物流网络。

三是内外贸一体化发展。义乌小商品市场同时联系着中国的内贸与外贸,市场集聚效应吸引了资源要素流入义乌,在 20 世纪 90 年代形成了"买全国、卖全国"的格局;"一站式供应链服务"以及贸易中间商的集聚将义乌推向全球,形成了"买全球,卖全球"的格局。

◆ 本章小结

进入新时代,世界百年未有之大变局加速演变,浙江全面贯彻习近平新时代中国特色社会主义思想,坚持以"八八战略"为总纲,

---

① 王政淇,孙竞,朱虹."习近平两会下团组"系列解读之三:"使创新成为高质量发展的强大动能"[EB/OL].(2018-03-09)[2023-07-16]. http://lianghui. people. com. cn/2018npc/n1/2018/0308/c417507-29856551. html.

主动服务和融入新发展格局，在落实、支撑国家大战略中，推进浙江对内对外开放发展进一步迭代升级。这一时期，浙江依托制度优势，高水平落实推进长三角高质量一体化发展战略；依托企业优势和海外投资网络优势，高水平落实推进"一带一路"倡议；依托数字贸易优势和海港优势，高质量建设中国（浙江）自由贸易试验区，构建全球产业链供应链"链主"，建设国际投资与贸易"避风港"。浙江在支撑构建新发展格局中走在更前列、展现新作为，从"地瓜经济"向进一步打造国内大循环战略支点、国内国际双循环战略枢纽跨越升级。

◆◆ **思考题**

1.2018 年，"长三角高质量一体化发展"上升为国家战略。浙江省于 2019 年 6 月制订了《浙江省推进长江三角洲区域一体化发展行动方案》，浙江省推进长三角一体化的历史渊源、时代条件、战略路径有何特点？

2.浙江参与和支撑"一带一路"建设的特色模式与经验成效如何？

3.我国为何要建设自贸试验区？浙江自贸试验区如何与上海自贸试验区联动发展，形成整体优势？

4.结合全书内容，如何理解浙江在支撑构建新发展格局中的功能地位？

◆◆ **拓展阅读**

1.本书编写组.党的二十大报告辅导读本［M］.北京：人民出版社，2022.

2.上海市人民政府发展研究中心.长三角更高质量一体化发展路径研究［M］.上海：格致出版社，上海人民出版社，2020.

3.中国现代国际关系研究院."一带一路"读本[M].北京:时事出版社,2015.

4.金锋.中国自由贸易试验区发展研究报告(2022)[M].北京:经济管理出版社,2022.

5.王昌林.新发展格局[M].北京:中信出版社,2020.

6.高培勇.构建新发展格局:在统筹发展和安全中前行[J].经济研究,2021(3):4-13.

7.中共中央党校(国家行政学院)课题组.新的赶考之路:全面建成社会主义现代化强国——兼论新发展阶段、新发展理念、新发展格局的逻辑关系、理论特质和时代特征[J].人民论坛·学术前沿,2021(14):7-11.

8.裴长洪,刘洪愧.中国外贸高质量发展:基于习近平百年大变局重要论断的思考[J].经济研究,2020(5):4-20.

9.王一鸣.百年大变局、高质量发展与构建新发展格局[J].管理世界,2020(12):1-13.

10.江小涓,孟丽君.内循环为主、外循环赋能与更高水平双循环——国际经验与中国实践[J].管理世界,2021(1):1-19.

后　记

2020 年 10 月,党的十九届五中全会通过的《中共中央关于制定国民经济和社会发展第十四个五年规划和二〇三五年远景目标的建议》提出"加快构建以国内大循环为主体、国内国际双循环相互促进的新发展格局",这是以习近平同志为核心的党中央统筹中华民族伟大复兴战略全局和世界百年未有之大变局、着眼我国进入新发展阶段、开启全面建设社会主义现代化国家新征程而作出的重大战略部署。党的二十大报告进一步明确指出,坚持高水平对外开放,加快构建以国内大循环为主体、国内国际双循环相互促进的新发展格局。

浙江是改革开放的先行地。回望 2001 年,我国正式加入WTO,迈出了重返全球经济舞台的重要一步,开启了大改革大开放的新时期。2002 年 10 月,习近平同志到浙江任职。基于蓬勃发展的浙江开放型经济实践,习近平同志先后提出"跳出浙江发展浙江""地瓜经济"等科学性的开放发展论述与战略部署,形成了一系列对内对外开放的开放型经济发展理论与实践成果。对内对外开放在浙江的落地生根,为我国在新时代提出构建新发展格局战略提供了坚实的历史准备和实践探索,前者是后者的早期实践和地方试验,后者是前者的逻辑延伸和重要升华。

本书是集体合作的研究成果,先由我提出总体思路与框架结构,再分工执笔。参加初稿各部分内容撰写的有宋学印、方建春、戴岭、陈航宇、党博远、虞柳明、黄远哲、袁逸铭和黄雄。各部分完成后,我和宋学印博士进行了系统的修改和统稿。本书的写作与出版得到了浙江大学党委书记任少波为总主编的"新思想在浙江的萌发与实践"系列教材编委会的大力支持。感谢盛世豪、刘亭等前辈对本书写作提出的宝贵意见和建议;感谢浙江大学出版社黄娟琴女士的有力支持,感谢责任编辑朱玲女士在本书编辑出版过程中提出的大量专业修改建议。另外,本书选取的原始案例源自诸多报刊、网站等,如有遗漏标注出处的,请联系作者,以便再版时更新。

敬请各位读者朋友批评指正。

黄先海

2023 年 11 月